Henning Köhler
Schwierige Kinder gibt es nicht

In Erziehungsfragen breitet sich heute eine Krisenstimmung aus, die sich manchmal bis zu Kassandrarufen einer bevorstehenden Katastrophe steigert. Das Unbehagen rührt vor allem daher, dass immer mehr Kinder sogenannte Verhaltensstörungen oder -auffälligkeiten zeigen und als erzieherisch schwer führbar gelten. Henning Köhler geht der Frage nach, ob tatsächlich die Kinder immer schwieriger werden oder ob die allgemeine Bewusstseinslage und die gesellschaftlichen Verhältnisse auf eine für Kinder unerträgliche Situation zutreiben: Wer oder was ist hier eigentlich «schwierig»? – Köhler stellt gewohnte Denkschablonen in Frage und umreißt in Grundzügen einen sprituell vertieften Erziehungsbegriff, der aus der gegenwärtigen Sinnkrise herausführen könnte.

Henning Köhler, geboren 1951, arbeitet als Heilpädagoge in ambulanter Praxis in dem von ihm mitbegründeten «Janusz Korczak Institut» in Wolfschlugen bei Stuttgart. Veröffentlichungen: *Jugend im Zwiespalt; Die stille Sehnsucht nach Heimkehr; Vom Rätsel der Angst; Von ängstlichen, traurigen und unruhigen Kindern; Vom Ursprung der Sehnsucht; Vom Wunder des Kindseins; War Michel aus Lönneberga aufmerksamkeitsgestört?; Was haben wir nur falsch gemacht?; Der Geschichtenkönig und das Sternenkind. Ein Märchen.*

Henning Köhler

Schwierige Kinder gibt es nicht

*Plädoyer für eine Umwandlung
des pädagogischen Denkens*

Verlag Freies Geistesleben

Ich widme dieses Buch Hans Müller-Wiedemann.

Sonderausgabe im Jubiläumsjahr 2007
(6. Auflage)

Verlag Freies Geistesleben
Landhausstraße 82, 70190 Stutrgart
Internet: www.geistesleben.com

ISBN 978-3-7725-2164-5

© 2007 Verlag Freies Geistesleben & Urachhaus GmbH, Stuttgart
Einbandgestaltung: Maria A. Kafitz unter Verwendung eines Fotos
von Wolfgang Schmidt, Ammerbuch
Druck: Clausen & Bosse, Leck

Inhalt

Statt eines Vorworts: Gedicht über das Erschrecken   7

Teil 1
Schwierige Kinder gibt es nicht

1. «Erziehung» – das Ende eines Großprojekts?   13
2. Von Psychodetektiven und pädagogischen Mechanikern   19
   Intermezzo: Der kleine Angsthase. Oder: Ist Kay ‹gestört›? 22
3. Für eine Pädagogik des Herzens   28
   Mariella 34
4. Der «werterkennende Blick». Oder:
   Warum Eltern Eingeweihte sind   36
5. Erziehungskunst – was ist das?   48
6. Steht die Auslöschung der Kindheit bevor?   57
   Dämmerungsgesicht 71
7. Die Zukunft der Kindheit und die Zukunft der Erde   73

Teil 2
Aphoristisches in Ausführung der Kindheitsidee –
Erziehungskünstlerische Übungswege

1. Die Kindheitsidee als Kulturfaktor   81
2. Menschen oder Pflaumen?   84
   Gesprächsauszug. Miriam M., 7 Jahre alt 91

3. Von der Selbstüberschätzung des Erziehers.
   Oder: Wie steht es mit der Bescheidenheit? 99
4. «Verstehende Bewahrheitung»: Schützen, Begleiten,
   Trösten, Heilen (die Achse) 104
5. Das Kind im Weltzusammenhang 113
   Gesprächsauszug. Robert L., 5 Jahre alt 117
6. Die «Pathologie des gemeisterten Lebens»
   und die Kraft des Staunens 123
7. Fähigkeitenkeime – der «poetische Weg» 129
8. Kein Kind ist böse 138
9. Hoffnung und Tragik. Oder: War Beethoven ein Fehlschlag? 142

Zum Schluss … 145

Anmerkungen 149

Literaturverzeichnis 176

Statt eines Vorworts

Gedicht über das Erschrecken
(an Jessica und andere)*

Der Hügel hinter dem Haus,
ich weiß es von dir,
ist der Kopf einer reglosen Riesin,
die vornüber hinfiel und traum-
fern die Erde durchatmet
seither. Ihr Leib
ist in zahllosen Herbsten
zerfallen und
steigt und sinkt in den Birken.

Wind und Steine in ihrem Haar.
Du weißt, was sie träumt,
wir wissen es nicht. Du flüsterst
mit den Grillen,
dich führt der Salamander;
in Vollmondnächten
muss jemand bei dir sein, sonst
gehst du und kommst nicht zurück.

---

* Ich betreute J. in einem Kinderheim. Sie geriet in furchtbare Panik, wenn Düsenflugzeuge über uns dahinrasten. Es waren Wesen für sie. Als ich das Gedicht für J. schrieb, war sie zwölf Jahre alt.

Drei Maschinenvögel
stürzen brüllend westwärts,
ins bewölkte Rot
des verdämmernden Tages,
drei heulende schwarze Geschosse
tauchen
in den Abendfarbentraum
über dem Wald,
wir sehen gelangweilt zu;
für das dreifache rasende Nichts
haben wir Namen und Gründe,
für deine Angst
nicht
und werfen einander, wir Lügner,
wissende Blicke zu.

Wer sieht noch gestrauchelte Riesen
am Rande der Straßen und kennt
ihre Träume. Ein Kind,
das sie kennt, presst die Fäuste
gegen die Schläfen und schreit:
du, aus deiner Andacht gerissen,
Grillenkind,
kennst keine Namen und Gründe
für das alltägliche Inferno;
der Atemgesang
deiner reglosen Riesin;
Salamanderkind,
das Wiegenlied, das ihr Leib war
und in den Birken steigt und sinkt,
ihr heimliches Trostlied
vom Blühen und Welken
verlässt dich; der Klang
ihres auf- und nieder-

strömenden Lebens – Grünklang:
Stille-Freude-Klang –
ist geronnen zum Augenscheingrün;
Ab-Bild nur noch, An-Blick, Gegen-
stand: die winddurchflüsterte Anmut
der Gehölze, in denen
sie träumt.

Jetzt siehst auch du nur den Abglanz
und hörst nur den Nachhall der Dinge;
jetzt stehst auch du, in dieser Sekunde,
draußen
vor dem himmelhohen Spiegel,
willst fliehen, Salamanderkind,
eine andere Flucht als deine gewohnte,
weißt nicht wohin, Grillenkind, fällst,
und ich hebe dich auf,
was soll ich auch tun.

Wir erbarmen uns deiner
und wollen dir helfen,
ein Mensch zu werden;
das ist uns're Lüge
für unerwünschte Gäste;
ich nenne dich heimlich Mensch-trotz-
allem: trotz allem was der Mensch
dem Menschen raubte; Zu-früh-
Mensch, Zu-spät-Mensch,
ich weiß nicht,
ich weiß nur: du bist heller,
als es der Spiegel ertrüge,
blicktest du länger als eine Sekunde
hinein; schön gegen alle Vernunft,
Mensch gegen alle Regeln des Masken-

spiels; in dieser Verletzlichkeit
sind wir nicht wohnhaft,
da werden wir zu kalten Gönnern
und zwingen dich in unser
Drachenblutbad.

Teil 1
Schwierige Kinder gibt es nicht

1. «Erziehung» – das Ende eines Großprojekts?

Warum gibt es heute so viele ‹schwierige› Kinder? Was kann man tun? Liegt es an den Kindern? Liegt es an der falschen Erziehung? Oder an den Zeitverhältnissen? Eltern, Lehrer und Erzieher schwanken zwischen Selbstvorwürfen, wechselseitigen Schuldzuweisungen und Anklagen gegen gesellschaftliche Missstände. Die einen beklagen den Zerfall sittlicher Werte und wünschen sich frühere Zeiten zurück; andere sagen, man müsse endlich die alten ‹humanistischen› Wertmaßstäbe abschütteln, die im 20. Jahrhundert ihre Untauglichkeit hinlänglich bewiesen hätten. Die ‹Kulturrevolutionäre› der sechziger, siebziger Jahre seien im Grunde tief konservativ gewesen: Neuromantiker im Avantgardistengewand, vergeblich bemüht, die Mythen ‹Freiheit› und ‹Würde› gegen den unerbittlichen Vormarsch des homo oeconomicus zu verteidigen.

Eine rückwärts gerichtete, neokonservative Kulturkritik mit unüberhörbaren reaktionären Nebengeräuschen steht der postmodernen Alles-okay-(Fahr-)Lässigkeit gegenüber; jene will Zucht, Ordnung, Patriotismus, Pflichtbewusstsein und Ehre, kurzum: die sprichwörtlichen bürgerlichen Sekundärtugenden wieder in den Rang pädagogischer Leitmotive erheben; diese lässt es von sich abprallen, wenn ihr vorgehalten wird, sie erzeuge einen «neuen konformistischen Einheitstyp» (Horst-Eberhard Richter)* des geld-, mode-, medien- und sexappeal-besessenen Konsumkids. Na und? Wozu gegen den Zeitgeist rebellieren, wenn man sich vergnüglich mit ihm arrangieren kann? Was nützt denn, so wird gefragt, das

---

* Autorennamen in Klammern verweisen auf das Literaturverzeichnis am Ende des Buches.

Gefasel von Selbstverwirklichung, Realitätssinn, Sozialfähigkeit und so weiter im Zeitalter der Persönlichkeitszersplitterung? Das ehrwürdige unteilbare ‹Ich› habe ausgedient, der postmoderne Mensch sei ein ‹Ensemble› von Identitäten, die Nichtunterscheidbarkeit zwischen gegebener und virtueller Realität längst ein Faktum, die telekommunikative Entsinnlichung zwischenmenschlicher Beziehungen, das heißt das Belangloswerden der Ich-Du-Erfahrung, nicht mehr rückgängig zu machen.

Es scheint sich, was die Vormacht in den meinungsbildenden Medien angeht, eine Gabelung des Hauptstroms in diese beiden großen Richtungen anzudeuten: auf der einen Seite die unkritische, technologieverliebte und hedonistische «große Koalition der Einverstandenen» (Marianne Gronemeyer) einschließlich ihres ‹esoterischen› Flügels,[1] wo man sich darüber mokiert, dass in der Erziehungslandschaft immer noch die alten Hüte der libertären Moderne (‹Kreativität›, ‹Autonomie›, ‹Humanismus› und so weiter) getragen und den Kindern moralisierend übergestülpt würden (der Kampfbegriff ‹political correctness› wird nicht zuletzt gegen eine sozial engagierte Eltern- und Lehrerschaft gerichtet, die unbeirrt an gewissen menschlichen Idealen festhält); auf der anderen Seite das neu-konservative Rollback, wo man ebenfalls das Feindbild von der libertären Moderne pflegt, allerdings nicht wegen deren moralischem Übereifer, sondern ganz im Gegenteil wegen der durch sie angeblich hervorgerufenen sittlichen Verwahrlosung. Schuld ist jedenfalls der Mythos von Freiheit und Selbstbestimmung, darin sind sich die Protagonisten des «Okay-Spiels» (Richter) mit den pädagogischen Antiquitätenhändlern einig.

Eine große, schweigende, gleichwohl betroffene Menge beobachtet diese Debatten mehr oder weniger verständnislos und versucht, den Alltag mit den Kindern irgendwie zu meistern; man wendet sich ratsuchend an Fachleute, durchstreift die unübersichtliche, widersprüchliche Erziehungshilfeliteratur, die bekanntlich Hochkonjunktur hat, und wird das beklemmende Gefühl nicht los, dass der ganze veröffentlichte Meinungsstreit eigentlich nur um die Alternative kreist: rückwärts oder vorwärts in die Katastrophe? ‹Zeitgeistkonforme› Erziehung, die den ganzen Plastik-, Fernseh-, Comic-, Trivialpop- und Computerstumpfsinn mit einem lässigen ‹So-ist-nun-mal-die-heutige-Welt› einfach hinnimmt oder gar freudig begrüßt, erspart den Kindern weiß Gott kein Leid, sondern treibt sie zielstrebig in die Verstörung. Aber auch das realitätsferne, auf in Wahrheit nie dagewesene Idyllen rekurrierende Gegenkonzept ist – entgegen einer lange und intensiv gehegten Hoffnung – kein zuverlässiger Schutz vor Unruhe, Angst, Bekümmerung, seelischer Erschöpfung und Orientierungslosigkeit, vor jenen kindlichen Seelennöten also, deren geradezu epidemische Ausbreitung unbestritten ist. Die Idylliker, von denen ich jetzt spreche, haben – wohlgemerkt – nichts mit den eingangs erwähnten autoritären Umtrieben im Sinn, sondern man erkennt sie an einer durchaus sympathischen, aber wenig fruchtbaren Neigung, durch Verniedlichung der Welt, manchmal bis hart an die Grenze des – wenn auch ‹barmherzigen› – Betrugs, die Erziehungsfrage lösen zu wollen.[2]

Anti-pädagogische Experimente (‹die beste Erziehung ist Nichterziehung›) haben sich längst als ebenso untauglich erwiesen wie Rückgriffe auf das restriktive Arsenal der ‹schwarzen› Pädagogik. Die orthodoxe Linke ist gescheitert mit ihrer volkspädagogischen Großoffensive. Der ideologische Zugriff auf die arbeitende Bevölkerung hat das Erziehungsproblem nicht, wie man hoffte, nebenbei miterledigen können. Die antiautoritäre Linke rückte zwar das Kind (und nicht den gesellschaftlichen Menschenmaterialbedarf) in den Mittelpunkt pädagogischen Denkens, was nicht genug gewürdigt werden kann, kam jedoch in praxi nicht darüber hinaus, konventionelle Formen zu konterkarieren. Ihr libertäres (auf Selbstbestimmung gerichtetes) Konzept hatte keine philosophisch-menschenkundliche, geschweige denn spirituelle Basis, und so kam es, dass man freiheitliche Erziehung damit verwechselte, von den Kindern schon im Nachahmungsalter Partnerschaftlichkeit und Selbstverantwortung zu erwarten: eine neue Variante pädagogischer Willkür. Alexander S. Neills Ideen einer freiheitlichen Erziehung wurden, wie er selbst beklagte, als Aufforderung zur programmatischen Vernachlässigung missverstanden. Aber auch dem authentischen ‹Summerhill›-Projekt fehlte ein konsequent über das materialistische Menschenbild hinausweisender Begründungszusammenhang, ohne den die Erziehungsfrage unvermeidlich ins Leere läuft.³

Zusammenfassend muss festgestellt werden: Am Ende des 20. Jahrhunderts, das oft als «Jahrhundert des Kindes» apostrophiert wurde (rückverweisend auf Ellen Keys 1902 erschienenes gleichnamiges Buch, das damals ähnliches Aufsehen erregte wie sechzig Jahre später Neills Theorie und Praxis der antiautoritären Erziehung), stehen wir pädagogisch wieder ganz am Anfang. «Kassandra sitzt mitten unter den Unzufriedenen, ob sie nun Eltern, Lehrer oder Schüler heißen», schreibt J. Fritz-Vannahme. Er will sagen: Katastrophenstimmung macht sich breit. Übertreibung? Augenscheinlich nicht. Gronemeyer proklamiert «das Scheitern der Schule», Neil Postman sieht «das Ende der Erziehung» gekommen, Winfried Dobertin erklärt den «Bildungsnotstand». «Behaltet bitte die Nerven!», ruft Hartmut von Hentig erschrocken in den anschwellenden Chor der Unheilverkünder. «Erziehung war immer ein fundamentaler, persönlicher, sehr schwer kalkulierbarer Auftrag an die Erwachsenen. Folglich leiden die Erwachsenen auch immer an ihren pädagogischen Misserfolgen. Angesichts der Größe der Aufgabe ist das ganz natürlich.» Wohl wahr. Erziehungsverantwortung verträgt sich nicht mit dem Konzept ‹Lebensqualität light›. Kinder sind keine Luxusartikel, keine Statussymbole, keine Vorzeigeobjekte, kein Privatvergnügen. Wer ihnen gerecht werden will, braucht ein gewisses Maß an Leidens- und Verzichtsfähigkeit, muss bereit sein, sich mit den eigenen Schwächen auseinanderzusetzen, Lebensgewohnheiten und Einstellungen zu überprüfen, von Selbsterziehung nicht nur zu reden, sondern sie zu leisten. Wenn Panik ausbricht, deutet dies nicht selten darauf hin, dass pädagogischer Ehrgeiz im Spiel ist. Nichts könnte jedoch widersinniger sein, als Erziehung wie ein unternehmerisches Projekt zu betreiben, nämlich sich von bestimmten Erfolgsabsichten leiten zu lassen, unverhohlene oder verhohlene Kosten-Nutzen-Erwägungen in Anschlag zu bringen, auf eine ‹lohnende› Schlussbilanz zuzuarbeiten. Leider ist ausgerechnet dieser Widersinn heute eine Art stillschweigende Vereinbarung zwischen der Gesellschaft, den pädagogischen Institutionen und den Haupterziehungsbeauftragten, den Eltern. Es sei ein «berechtigtes Kalkül», lese ich im Magazin ZEIT-Punkte (2/1996), Reformen des Schulwesens unter dem Gesichtspunkt «Vorteile im verschärften internationalen Wettbewerb» einzuleiten. Erziehung als Projekt des bürokratisch-industriellen Komplexes?

Diese (milde ausgedrückt) pädagogisch verfehlte bildungspolitische Marschrichtung findet ihre Entsprechung im Kleinen überall dort, wo sich Erziehung an den destruktiven, kindheitsfremden ‹Idealen› der Konkurrenz- und Konsumgesellschaft (Macht, Besitz und Genuss auf Kosten anderer; sexuelle Attraktivität; sorgloses, beschwerdefreies Leben und, insoweit es alledem dienlich ist, intellektuelle Aufrüstung) orientiert. Wollte jemand bestreiten, dass diese Präferenzen postmoderner Lebensplanung ‹kindheitsfremd› sind, müsste ihm entgegengehalten werden, er habe es bisher versäumt, sich einem Kind auch nur ein einziges Mal mit wachem, anteilnehmendem Interesse zuzuwenden. Damit die heranwachsenden Generationen, so wird gesagt, dem «Standort Deutschland» im internationalen Wettbewerb Macht, Ansehen und Wohlstand sichern können, muss der heranwachsende Einzelne für den immer härteren Konkurrenzkampf um Arbeitsplätze und Privilegien gerüstet, kurz: mit allem ausgestattet werden, was erforderlich ist, um sich im erbarmungslosen Wettstreit der Egoismen zu behaupten. Erziehung als Herzensbildung (gewiss kein unzeitgemäßes Anliegen!) bleibt dabei auf der Strecke. Wer spricht noch davon, dass tief in jeder Kinderseele ein humanitärer Impuls als nach Bewusstwerdung und ‹schönen Taten› drängende, latente Idealkraft schlummert: ein gewissermaßen in die Menschengestalt eingeschriebenes Elementarbedürfnis, die eigene Entwicklung an diejenigen Kräfte der

Kulturentwicklung anzuschließen, die auf soziale Gestaltungen im Zeichen praktizierter Liebe zustreben?

Dies ist, wie zu zeigen sein wird, kein frommer Wunschtraum, sondern eine anthropologische Konstante. Im Grunde beruhen alle Versionen pädagogischen Ehrgeizes auf der Verkennung dieser Tatsache. Wo das Kind zum Projekt der Erwachsenen degradiert und ‹erzieherisch› zugetrieben wird auf ein ‹gelungenes› Ergebnis nach Maßgabe eines vorgegebenen Erfolgsmodells, ist es in seiner Eigenschaft als verkörpertes Liebeswesen beständiger Misshandlung ausgesetzt, auch wenn die ‹streng wissenschaftlich› sich dünkende Entwicklungspsychologie davon nichts hören will. Gesellschaftlicher und privater Ehrgeiz greifen ineinander und erzeugen eine Atmosphäre, in der Kinder, die das ‹Erfolgsmodell› konterkarieren, als lebendige Missgeschicke betrachtet werden.

Wir stehen nun vor der bemerkenswerten, gewiss nicht zufälligen Tatsache, dass sich diese lebendigen Missgeschicke unaufhaltsam vermehren und allmählich dem erziehungswissenschaftlichen Diskurs eine ganz unvorhergesehene, für den internationalen Wettbewerb wenig vorteilhafte Richtung geben. Die Kindheit selbst revoltiert gegen den Prototyp Kind aus materialistisch-marktwirtschaftlicher Serienfertigung. Diesbezüglich stehen wir nicht nur wieder am Anfang, sondern vor einer (im Unterschied zur reformpädagogischen Euphorie der letzten Jahrhundertwende) neuartigen Situation. Ist das ‹Projekt› zum Scheitern verurteilt?

2. Von Psychodetektiven und pädagogischen Mechanikern

Wir müssen aufmerksam werden auf eine in den Zeitverhältnissen begründete, uns alle einschließende Bewusstseinsgefährdung, die ihren Ausdruck darin findet, dass die Fremdheit zwischen Erwachsenenwelt und Kindheitswelt immer größer wird. Wenn man heute «eigentlich bei jedem Kinde eine Rettung zu vollziehen hat» (Rudolf Steiner, GA 296), so rührt dies her von der tiefen Erschrockenheit der Kinderseelen in einer Kultur, die sich abschottet gegen den *Zustrom aus Kindheitsquellen* – womit, wie wir sehen werden, bestimmte Bewusstseinsqualitäten und Gestaltungsimpulse gemeint sind. Von diesem Befremden sind die ‹unauffälligen› Kinder nicht weniger ergriffen als die ‹auffälligen›; Letztere führen es uns nur besonders deutlich vor Augen. Es sind vielleicht nie zuvor so viele starke, mutige, lichtvolle Kinderseelen herabgestiegen, die sich, ihrer Erschrockenheit und ihrem Befremden zum Trotz, auf das Wagnis einlassen, in dieser Welt ihren Weg zu suchen. *Rettungen* müssen vollbracht werden, keine Reparaturmaßnahmen! Ich werde versuchen zu zeigen, warum das nicht nur ein gradueller, sondern ein prinzipieller Unterschied ist. Dabei bezweifle ich, dass, wie Gerhard Fels schreibt, «die seelische Anatomie» der Kinder «seit Jahrzehnten … erstaunlich gleich geblieben» sei. Sie *kann* schlechterdings nicht gleich geblieben sein, während sich die gesamte übrige Welt dramatisch verändert hat. Jede *allgemeine* Aussage über die Seelenverfassung ‹der Kinder› muss unter Berücksichtigung der *allgemeinen* Bewusstseinslage getroffen werden.

Wir sind geradezu davon besessen, die Menschen in Bezug auf ihre seelische Verfassung, ihr Denken, Fühlen und Verhalten, in

Kranke und Gesunde, Wohlgeratene und weniger Wohlgeratene, Charakterfeste und Labile und so weiter einzuteilen. Die Vorstellung ‹seelische Krankheit› oder ‹Schädigung› übt eine merkwürdige Faszination aus. «Das ist ja krankhaft!» oder «Grenzt das nicht schon ans Pathologische?» sind gebräuchliche Redensarten, in denen das Gefühl mitschwingt, das ‹Absonderliche›, ‹Widernatürliche›, ‹Deformierte› auf frischer Tat zu ertappen. Man schlägt sich selbst durch die Verwendung solcher Redensarten indirekt auf die Seite der ‹Gesunden›. Pädagogen und Therapeuten werden zu Psychodetektiven, die Indizien sammeln, ausspähen, schlussfolgern und den Täter überführen, wobei nicht das vermeintlich kranke oder gestörte Kind (das ja unser tiefes Mitgefühl verdient) der Täter ist, sondern der ‹pathologische Prozess›, von dem es heimgesucht wird. Die nächste Frage ist dann diejenige nach geeigneten ‹Maßnahmen›. Wir großartigen Diagnostiker! Wir Menschenkenner!

Aber der auf Dysfunktionen und Insuffizienzen (Störungen und Unzulänglichkeiten) abgerichtete Blick, der hinter jedem kindlichen Verhalten, das nicht in unser geordnetes Weltbild passt, etwas ‹Pathologisches› sucht, *gibt sich* nur sachlich und neutral. Er ist in Wahrheit von Vorurteilen getrübt, weil er zwanghaft im Besonderen das Absonderliche, in der Originalität die Abnormität, in der Betroffenheit die Mangelhaftigkeit sucht. Dabei ist der zugrunde gelegte ‹Pathologie›-Begriff heute fast überall, auch in ‹esoterischen› Kreisen, materialistisch besetzt: Etwas ‹funktioniert nicht› ... Ich nenne dies den *defektivistischen* Erklärungsansatz (von ‹Defektivität› = Fehlerhaftigkeit) für außergewöhnliche kindliche Wesenszüge. Er unterstellt bei jeder sogenannten Auffälligkeit erziehungsbedingte oder anderweitig fremdverursachte, zum Beispiel erbliche, wenn nicht gar karmische ‹Betriebsschäden› (es gibt auch ein defektivistisches, also im Kern materialistisches Karmaverständnis!). Dabei scheidet das Kind, der Mensch, als Freiheitswesen mit autonomen Entwicklungszielen und aus *ihnen* vielleicht sich ergebenden Spannungen des Ich-Welt-Verhältnisses aus. Wer sich *auffällig* weit vom lauwarmen Mittelmaß entfernt in Richtung einer strapaziösen Auseinandersetzung mit der Welt, ist reif für ‹Maßnahmen›, die «letztlich nur dem Zweck (dienen), die Menschen friedlich und mit ihrem Weißbrot zufrieden sein zu lassen» (James Hillmann).

Wenn es gelänge, diesem Konzept nachzuweisen, dass es ihm bedenklich an seelenkundlicher Sorgfalt und ‹moralischer Fantasie› mangelt, «dann könnten die Kinder in vielen Fällen davor bewahrt werden, mit dem Stigma des ‹Anormalen› aufzuwachsen» (Ursula Nuber). Aber der Dilettantismus, der sich im Automechanikerblick auf kindliche Entwicklungsverläufe verrät, ist leider zu akademischen Würden aufgestiegen, und deshalb schließen sich ihm (in Bedrängnis) nicht selten auch diejenigen an, die sonst den Verdacht weit von sich weisen würden, einem materialistischen Menschenbild zu huldigen.[4] Es gilt als seriös, ein Kind wegen seines Leidens an und mit der Welt, seiner unbändigen Originalität oder in Extremen sich auslebenden Wesensart wie ein schadhaftes Gerät zu behandeln. Zu solcher vermeintlicher Seriosität nimmt man gern Zuflucht, wenn die Lage unübersichtlich wird und das Bedürfnis nach einfachen, sauberen Lösungen aufkommt. Auch gegenüber ‹behinderten› Kindern im engeren Sinne ist das *defektivistische Vorurteil* menschlich unzumutbar und menschenkundlich trivial. Indem wir also dieses Vorurteil in Anwendung auf ‹schwierige› Kinder beklagen, soll keine Trennlinie gezogen werden, jenseits derer dann *doch* von ‹schadhaften Menschen› gesprochen werden dürfe.[5] Wenn der autistische Lyriker Birger Sellin ein Briefgedicht mit den Worten beendet: «Seien Sie herzlich gegrüßt / von einem der lernen will / ein einfacher Mensch zu werden», verbirgt sich hinter dieser doppelbödigen Mitteilung die verzweifelte Bitte, *einfach als Mensch* anerkannt zu werden: «Ich dichte für meine stummen Schwestern / für meine stummen Brüder/ uns soll man hören und einen Platz geben wo wir unter / euch allen wohnen dürfen», schreibt Sellin an anderer Stelle. Er meint mit ‹wohnen› nicht das Bett und das Dach überm Kopf. Die

Frage ist: Wie wohnen die sogenannten behinderten und anderen
außergewöhnlichen Menschen in unseren Herzen? Als schadhafte
Menschenexemplare in Untermiete gnadenhalber?

Intermezzo:
Der kleine Angsthase. Oder: Ist Kay ‹gestört›?

Kay ist knapp fünf Jahre alt, das zweite (Wunsch-)Kind sehr gewissenhafter, liebevoller Eltern. Schwangerschaft und Geburt verliefen komplikationslos. Kay war ein gesundes Baby, hatte aber von Anfang an Schlafprobleme. Er schrie, sobald er ins Bettchen gelegt wurde. Nur auf Mutters oder Vaters Arm kam er zur Ruhe. Die motorische Entwicklung vollzog sich eher etwas langsam, aber innerhalb des tolerierbaren Rahmens (wobei er die Krabbelphase übersprang, also vom Sitzen gleich zum Stehen kam), die Sprachentwicklung dagegen ungewöhnlich rasch. Er begann sehr früh, ‹ich› zu sagen. Auf die tastende Welterkundung ließ er sich nur zögerlich ein. Alles Unbekannte machte ihn misstrauisch, und was ihn misstrauisch machte, fasste er möglichst nicht an. So lebte er seine Neugier hauptsächlich über die Augen aus: Er *betrachtete* die Welt aus gebührendem Abstand. Seine drei Jahre ältere Schwester hingegen war ein fröhliches, unbekümmertes, abenteuerlustiges Kind. Seit dem zweiten Lebensjahr hatte sie ihren Vater zur wichtigsten Person der Welt erkoren, während Kay ihn zwar liebte, aber doch mehr an der Mutter orientiert war und ist.

«Kay hat seine Angst und Schreckhaftigkeit mitgebracht», sagt die Mutter heute. «Er ist ein Zuschauer: aufmerksam, sehr aufmerksam sogar, aber stets auf der Hut. Er benimmt sich, als lebe er ständig in der Erwartung eines Unheils.» Er fürchtet sich vor Dunkelheit, Motorengeräuschen, Hundegebell, Regen und Wind, fremden Menschen und unbekannten Situationen, vor dem Einschlafen (‹da kommen die bösen Träume›) und Alleinsein, sogar vor dem eigenen Schatten. Zu Hause weicht er der Mutter, im Kindergarten der Erzieherin nicht von der Seite. Jede Nacht, irgendwann zwischen zwölf und zwei, wacht er auf und sucht im elterlichen Ehebett Zuflucht.

Dabei ist Kay ein ausgesprochen fantasievolles Kind, kann lange, versunken und erfindungsreich spielen (am liebsten allein), malt wunderschöne Bilder und liebt märchenhafte Geschichten. Ein unlösbares Dilemma ergibt sich für ihn daraus, dass er einerseits ein sehr mitfühlendes Kind ist und besonders großen Wert darauf legt, niemandem Kummer zu bereiten, während ihm andererseits natürlich nicht verborgen bleibt, wie die Eltern seinetwegen leiden. Er versucht Wiedergutmachung zu leisten, indem er sich in angstfreien Stunden überaus hilfsbereit zeigt und vor allem seine Mutter mit Liebes- und Dankbarkeitsbezeugungen überschüttet.

Ist Kay ‹gestört›?

Es gibt in dieser Situation zwei grundsätzliche Möglichkeiten. Erstens: Man kann das defektivistische Vorurteil in Stellung bringen und den Eltern zum Beispiel die Erklärung anbieten, der Junge sei seelisch geschädigt, weil 1) die Mutter ihn durch Überfürsorglichkeit im Kleinkindstadium zurückhalte; 2) die Mutter ihre eigenen unverarbeiteten Kindheitsängste auf ihn übertrage; 3) die Mutter ihn unbewusst benutze, um sich den intimen Annäherungen ihres Mannes zu entziehen; 4) der Vater folglich auf ihn eifersüchtig sei und einen unbewussten Machtkampf gegen ihn führe, wozu auch das archaische Demütigungsschema ‹Geringschätzung des Sohnes (Thronfolgers) zugunsten der vergötterten Tochter› gehöre; 5) dies alles umso verheerendere Auswirkungen habe, weil ein Junge in diesem Alter bekanntlich sowieso mit dem Vater um die libidinöse Gunst der Mutter rivalisiere. – Damit hätten wir einen durch verschiedene erschwerende Umstände zugespitzten ödipalen Konflikt mitsamt einer wunderbar verzwickten und doch so anschaulichen innerfamiliären Kreuz-und-quer-Dynamik, die man, modebewusst, über zwei oder drei Generationen zurückverfolgen könnte, und es wäre sonnenklar: Kay leidet unter einer milieubedingten, durch Erziehungsfehler erzieherisch deformierter Eltern und eheliche beziehungsweise familiäre Spannungen verursachten Angststörung; seine Ängste sind das Ergebnis seiner Lebensumstände, weil er selbst das Ergebnis seiner Lebensumstände ist.

Dies nur als Beispiel. Das defektivistische Vorurteil kann sich auch mit anderen theoretischen Ansätzen verbinden. Gleich welche Erklärungsmuster im Spektrum zwischen grob biologistischen und ‹esoterischen› Anschauungen (um die beiden äußersten Ränder zu nennen) bevorzugt werden: wo die determinierte oder erworbene ‹Störung› als Untersuchungsvoraussetzung angenommen wird, herrscht bei allen sonstigen Meinungsunterschieden stillschweigendes Einverständnis darüber, dass das Kind ein Produkt seiner Verhältnisse, seiner Erziehung, seiner Vergangenheit sei. Damit ist der Mensch auf die *Begleitumstände* des Menschseins reduziert.[6]

Eine andere Möglichkeit deutet Michael Ventura (zusammen mit James Hillmann) an, der auf die Frage «Wer verdirbt wen in der Kindheit?» antwortet: «Vergessen Sie das Wort ‹verdorben›! – Sagen wir stattdessen, dass wir mit einem Schicksal geboren sind, einem Impuls. Sagen wir, dass wir hereinstürmen. Dann zieht das Kind andere in sein Schicksal herein; sein Impuls wirkt auf die Impulse anderer ein. – Mit anderen Worten, das Kind … stört in einem tiefen Sinn, einem viel tieferen Sinne, als dass es nur mitten in der Nacht schreit. Die Störung, die die Menschen wahrnehmen, wenn ein Kind in ihr Leben hereintritt, besteht darin, dass sie den Zug und den Einfluss von dessen Impuls, von dessen Schicksal spüren, das langfristig sehr wenig mit ihrem eigenen zu tun haben kann.» – Ich kenne Kay, seine Schwester und seine Eltern gut. Man müsste eine auf familiäre Konflikte und / oder Erziehungsfehler abhebende Erklärung an den Haaren herbeiziehen, und genau das würde zweifellos geschehen, wenn Fachleute mit dem entsprechenden Apriori an den ‹Fall› heranträten. Aber Kays Geschichte gehört zu denen, die man nie wirklich verstehen wird, solange man sich weigert, Frieden zu schließen mit dem *Geheimnis,* Abstand zu nehmen also von dem Kurzschluss, Erkenntnis sei gleichbedeutend mit Entzauberung. Ob man über den Mond heute, da man ihn als Steinwüste identifiziert und damit entzaubert hat, tatsächlich mehr ‹weiß›, als in früheren Zeiten die Mystiker über ihn wussten beziehungsweise eine künftige Kosmologie über ihn wissen wird, ist zumindest fraglich.[7] Nicht anders verhält es sich mit den Kindern. Dass man über sie mehr ‹wisse›, seit sich die entzaubernde Vorstellung durchgesetzt hat, aus einem himbeerähnlichen, wesenlosen Zellklumpen wachse ein teils genetisch vorprogrammiertes, teils umweltgeprägtes Exemplar der besonders anpassungs- und hirnleistungsfähigen Primatenspezies Mensch hervor, darf ebenfalls bezweifelt werden. Es ist ein entschiedener Beitrag zur Rehabilitation des Geheimnisses, des Zaubers, des *Erstaunlichen,* von dem man angerührt werden kann im Umgang mit Kindern wie Kay, wenn James Hillmann sagt, dass «wir Menschen ... im Kern der Seele Bilder sind (und) das Leben als zeitliche Aktualisierung jenes ursprünglichen Keimbildes definieren (müssen), das *Michelangelo* das ‹imagine del cuor› nannte, das Bildnis im Herzen». Hören wir dem gegen seine Zunft rebellierenden Psychoanalytiker noch ein Stück weiter zu: «Dieses Bildnis – nicht die Zeit, die es aktualisiert – ist das primär Bestimmende unseres Lebens. Sehen Sie, was dies bedeutet? Es bedeutet, dass unsere Geschichte sekundär oder kontingent ist und dass das Bild im Herzen primär und wesentlich ist. Wenn unsere Geschichte kontingent und nicht das primär Bestimmende ist, dann sind die Dinge, die uns im Zeitzusammenhang zustoßen (was wir Entwicklung nennen), verschiedene Aktualisierungen des Bildes ... und nicht Ursachen unserer Persönlichkeit. Ich bin nicht durch meine Geschichte verursacht – durch meine Eltern, meine Kindheit und meine Entwicklung. Dies sind Spiegelbilder, in denen ich einen Blick auf mein Bild erhasche. – Die Aufgabe des Lebens besteht somit darin, seine Augenblicke in Einklang mit dem Bild oder demjenigen zu bringen, was man einmal ‹Führung durch seinen Genius› genannt hat. – Manchmal scheint sich der Genius in Symptomen ... als eine Art vorbeugende Arznei zu zeigen, die uns vor einem falschen Weg zurückhält. Wissen Sie, wie viele außergewöhnliche Menschen Ausreißer, vorzeitige Schulabgänger waren, die Schule hassten, sich nicht anpassen konnten? Die Macht der ‹Eichel›[8] erlaubt keine Kompromisse mit den üblichen Normen. – Das Rätsel in der Therapie lautet nicht, wie ich dorthin gelangt bin, wo ich bin, sondern: Was will mein Engel von mir?» Hillmann wäre gewiss damit einverstanden, auch die heute zur Gesamtverantwortung für das Weltgeschehen erhobenen Gene unter die «Kontingenzen» einzureihen. Die Genforschung ist auf der Suche nach der ‹imagine del cuor› auf einen labyrinthischen Irrweg geraten. Man wird so lange den Determinanten der Determinanten der Determinanten nachjagen, bis es (günstigstenfalls) irgendwann einen lauten Knall gibt und man wieder mitten im *Geheimnis* steht. Der Engel ist kein ‹Programm›, sondern das Wesen, das Programmierungen durchbricht.

Die Intentionen des Engels können im Rückblick auf den Lebensweg erkennbar werden, aber wenn ich *sie* erkennen will, dann ist der Rückblick eine Suche nach *Zukunftsspuren*, nicht nach ‹Ursachen› im geläufigen Sinne, eine Suche also nach dem «Primären und Wesentlichen» statt nach dem «Sekundären und Kontingenten».[9] Welche Konsequenzen hat das für den kleinen Kay? Wenn wir in seinen Ängsten nicht das Resultat von misslichen Umständen sehen, sondern stattdessen das noch verhüllte Bild «einer verlockenden Endgestalt als eines dauernd anziehenden Zieles» (Heinrich Roth) darin *suchen;* wenn wir uns bemühen, seine ‹Symptome› als «eine Art vorbeugende Arznei» aufzufassen, die ihn «von einem falschen Weg zurückhält», dann haben sich unsere Urteilsvoraussetzungen schlagartig geändert. Wir ziehen nun in Betracht, dass sich die Ängste als etwas *Gesundes* beziehungsweise *spätere Gesundheit Sicherndes* erweisen könnten; dass

Kay möglicherweise im Gewande der Angst eine Haltung einübt, die ihm, ins Positive gewendet, eines Tages zustatten kommen wird bei dem, was ‹sein Engel von ihm will›.

Ich möchte den diesbezüglichen Überlegungen des Lesers nicht vorgreifen, sondern als *Übung* vorschlagen, über die folgenden Fragen ‹Fantasien› zu bilden: *Für welche heranreifenden, noch nicht erkennbaren* Fähigkeiten *könnte Kays Angstverfassung der geeignete Nährboden sein? Für welche* Berufung *könnte diese Angstverfassung vorbereitenden Charakter haben in dem Sinne, dass sie ihn vor einem falschen Weg zurückhielte?*[10]

Wir müssen uns übend vertraut machen mit dieser Art des Fragens, um zu erraten, was Rudolf Steiner veranlasst haben könnte, davon zu sprechen, dass in neuerer Zeit «bei jedem Kinde eine Rettung zu vollziehen» sei. Um dem Problem der sogenannten schwierigen Kinder mit einer Haltung «produktiver Liebe» zu begegnen, wie Erich Fromm gesagt hätte, in der sich «Fürsorge, Verantwortungsgefühl, Achtung und wissendes Verstehen» verbinden, genügt es nicht, ein verschwommenes Mitleid zu empfinden und andererseits doch – mitleidig eben – auf das vermeintlich ‹gestörte› Kind hinzublicken wie auf ein wandelndes Missgeschick. Mit ‹wissendem Verstehen› uns den Kindern zuwenden zu können (namentlich denen, die uns hart prüfen), setzt einen grundlegenden Einstellungswandel voraus, nicht nur ein paar gute Vorsätze. Das ist leicht gesagt und mühselig getan, wie sich im Weiteren zeigen wird.

3. Für eine Pädagogik des Herzens

«Wir sind eben», sagte Rudolf Steiner (GA 306), «heute in unserem intellektualistischen Zeitalter zu sehr aus auf das Richtige und haben uns ganz abgewöhnt, dass alles dasjenige, was wir im Leben erfassen müssen, nicht nur *logisch richtig* sein muss, sondern auch *wirklichkeitsgemäß* sein muss.» Der zu Unrecht als ‹philosophischer Eulenspiegel› abqualifizierte anarchistische Erkenntnistheoretiker Paul Feyerabend unterstreicht dies, indem er feststellt: «Rein intellektuelle Lösungen sind sowohl nutzlos als auch schädlich. Sie sind nutzlos, weil es ihnen an den nötigen konkreten Elementen fehlt. Und sie sind schädlich, da sie heute ... den Menschen gegen ihre Wünsche aufgezwungen werden.» (Wer die akademische Wissenschaft angreift mit Sätzen wie: «Fachleute sind voll von Vorurteilen, man kann ihnen nicht trauen», wird von diesen Fachleuten entweder für inkompetent erklärt oder, wenn seine Argumente sehr gut sind, etwas gnädiger zum begabten Witzbold gestempelt.) Das von Steiner und Feyerabend geltend gemachte *wirklichkeitsgemäße* Denken, welches sich an ‹konkreten Elementen› orientiert, um nicht in theoretischen Verallgemeinerungen steckenzubleiben, die nur unser Bedürfnis nach ‹Logik› innerhalb vorgegebener Erkenntnisgrenzen befriedigen, beginnt dort, wo man *die Phänomene sprechen lässt,* ohne schon vorher den Rahmen möglicher (oder unmöglicher) Schlussfolgerungen abgesteckt zu haben; es beginnt zweitens dort, wo eine schöpferische Art von Hypothesenbildung[11] *ohne Rücksicht auf Konventionen* beziehungsweise herrschende Denk- und Urteilsgewohnheiten, sondern allein nach Maßgabe der *Sinnhaftigkeit* angestrebt wird. Es geht um die «Erhöhung des menschlichen Daseinswertes» (Steiner über die Aufgabe der Wissenschaften) durch unbefangene Prüfung menschengemäßer, das heißt aus den charakteristischen Phänomenen des *Menschseins* (und nicht der Pflanzen-, Tier- oder Maschinenwelt) gewonnener Denkmöglichkeiten. An dieser Stelle schlägt die Anthropologie in Anthroposophie um: Man nimmt zum Beispiel die Tatsache, dass der Mensch im Unterschied zu allen anderen Lebewesen ein Ich-Bewusstsein ‹hat› und aus diesem heraus, ebenfalls im Unterschied zu allen anderen Lebewesen, gegen die Bedingungen seiner Existenz revoltiert,[12] nicht als marginale, sondern als *zentrale* Erscheinung, die, in ihrer vollen Tragweite gewürdigt, auf einen ‹transzendenten›, *nicht den Bedingungen unterworfenen,* individuellen Entwicklungsfaktor verweist. Diesen zu ignorieren, nur weil es nach gewissen akademischen Benimmregeln als anstößig gilt, ihn zu erwähnen, ist *unwissenschaftlich.* Die Not der Zeit fordert eine Wissenschaftsgesinnung, aus der heraus man (beispielsweise) wird sagen können: Die Behauptung, der Mensch, insoweit er sich in seiner Selbst-Bewusstheit und individuellen Einzigartigkeit darlebt, komme aus dem Nichts und verschwinde wieder im Nichts, mag als persönliches Glaubensbekenntnis vertreten werden; sie ist jedoch *wissenschaftlich* uninteressant, weil sie *sinnlos* ist. Es fehlen ihr ‹die nötigen konkreten Elemente›. Sie ist zwar in gewisser, eingeschränkter Hinsicht ‹logisch richtig›, nämlich was die materielle Existenz und das allein an *sie* gebundene Seelenleben betrifft, aber nicht *wirklichkeitsgemäß,* weil sie diejenigen Phänomene vernachlässigt, die vom *Geistigen* im Menschenwesen zeugen. «Man staunt manchmal nur über das ungeheuer Geistreiche [naturwissenschaftlicher Theorien und Prozeduren, H.K.]; es ist alles richtig, was man da tut, aber es führt von der Wirklichkeit ab! Wenn wir aber Menschen erziehen wollen, so dürfen wir nicht von der Wirklichkeit abkommen; denn dann steht ja die Wirklichkeit vor uns, dann müssen wir an den Menschen selber herankommen» (Steiner, GA 306).

Ein das ‹logisch Richtige› durchaus nicht leugnendes, sondern ‹wirklichkeitsgemäß› ergänzendes, in der oben skizzierten Bedeutung *sinnvolles* Bild für das Kindheitsrätsel (welches als bloße Paraphrasierung aufzufassen ein Missverständnis wäre) gibt Rudolf

Steiner mit folgenden Sätzen (GA 296): «Bedenken Sie doch nur einmal, wie sehr sich eine Frage» – zum Beispiel: ‹Warum sind Kinder heute so schwierig?› – «gerade von diesem Gesichtspunkt aus verschiebt: Man könnte sagen, der Mensch war in der geistigen Welt, bevor er ... heruntergestiegen ist in die physische Welt. Da oben muss es also gewesen sein, dass er sein jeweiliges Ziel nicht mehr gefunden hat. Die geistige Welt muss ihm das nicht mehr gegeben haben, was die Seele anstrebte. Und aus der geistigen Welt heraus muss sich der Drang ergeben haben, herunterzusteigen in die physische Welt ..., um das in der physischen Welt zu suchen, was nicht mehr in der geistigen Welt gesucht werden konnte.» Es liegt auf der Hand, dass diese Suche des Kindes irgendwie in Zusammenhang steht mit dem, was heute, im Unterschied zu früheren Zeiten, erzieherisch als «Rettung» zu vollbringen ist «bei jedem Kinde». – Was man da «einmal bedenken» soll, ist nicht nur eine interessante seelenkundliche Fußnote, sondern wir stehen damit vor der *Kardinalfrage der Erziehungswissenschaft* und zugleich am Umschlagspunkt anthropologischen Denkens in anthroposophisches.

Dem Kind wird ein im Vorgeburtlichen wurzelndes Streben zugebilligt: eine individuelle Lebenszielsetzung, die kein Derivat aus Erfahrungen zwischen Geburt und Tod ist, sondern ‹hereingetragen› wird als Motiv einer *Suche* und sowohl die Erfahrungsauswahl als auch die Verarbeitung und Bewertung akzidenzieller Erfahrungen beeinflusst.[13] In Bezug auf diese Lebenszielsetzung ist *jedes* Kind ein unversehrtes und unversehrliches Wesen. Aber die Verhältnisse können in schroffem Widerspruch zu den Schicksalsabsichten stehen; die Lebensereignisse können so übermächtig werden, dass das Eigentliche, Bestimmende vor ihnen zurückweichen muss. *Diese* Gefahr ist heute größer denn je; *ihr* gegenüber hat Erziehung eine «Rettung» zu vollbringen. Was muss da gerettet werden? Es handelt sich um jenen «Impuls», dem Ventura nachspürt, wenn er vom ‹hereinstürmenden› Schicksal spricht, und Hillmann, wenn er auf das Wirken beziehungsweise Wollen des Engels hindeutet! Hans Müller-Wiedemann hatte eben diese

Zusammenhänge im Auge, als er 1992 auf der ersten Fachtagung für ambulante Heilpädagogik der neu entstehenden Bewegung mit auf den Weg gab, das ‹offenbare Geheimnis› des *Inkarnationsgeschehens,* das heißt die Erdenankunft als willentliche, aus vorgeburtlicher Lebensüberschau intendierte *Verkörperung* der geistig-seelischen Individualität, zum Dreh- und Angelpunkt ihres Forschens und Handelns zu machen. So könnten entscheidende Gegengewichte gesetzt werden in einer Zeit, in der das materialistische Denken gerade im Hinblick auf belastete Kinderschicksale mehr und mehr dahin tendiert, diesen ihre Würde, ihr vollgültiges Menschsein abzusprechen und Verletzungen ihrer Integrität zu ‹enttabuisieren›.

Es wird heute, in reinster wissenschaftlicher Unschuld natürlich, ‹hinterfragt›, ob die Idee dieser Integrität nicht als solche eine humanistische Schimäre sei, die in der modernen Industriegesellschaft schon aus Rentabilitätsgründen keinen Platz mehr habe.[14] Das Aufstellen von ‹Lebenswertparametern› zum Zweck der Unterscheidung zwischen menschenrechtsfähigen und nicht (oder nur eingeschränkt) menschenrechtsfähigen Individuen[15] ist nur die *dreisteste* Konsequenz dessen, was ich im Zusammenhang mit der pädagogischen Urteilsbildung als ‹defektivistisches Vorurteil› bezeichnet habe. Nicht zuletzt an dieser Geisteshaltung beziehungsweise Denkrichtung, mag sie nun brutal offen oder ethisch verziert in Erscheinung treten, erweist sich, dass heute «die Intelligenz den Hang, die Neigung zum Bösen hat und in absteigender Entwicklung begriffen ist» (Steiner). Damit soll nicht dieser oder jener Mensch als ‹böse› abgestempelt werden. Es handelt sich um intellektuelle Degenerationserscheinungen, für die wir *alle* anfällig sind, insofern wir durch die Bildung der heutigen Zeit hindurchgehen, die, um mit Feyerabend zu sprechen, tendenziell einen Menschentyp «mit vielen Talenten, aber ohne Seele und Leben» hervorbringt. Die Feststellung beispielsweise, unsere Welt sei von Habgier und Egoismus beherrscht (zweifelt jemand daran?), ist ja auch kein Angriff auf bestimmte Menschen, sondern schlicht eine Kulturdiagnose.[16] – Aber man kann damit beginnen, sich dem ‹Abstieg› zu verweigern und der Intelligenz wiederum Seele und Leben einzuhauchen. Daraus ergibt sich in Bezug auf unser Thema und mit den Worten Rudolf Steiners die Frage: «Was muss geschehen, damit die Pädagogik wiederum Herz bekommt?» (GA 306.)

Maria Montessori antwortete darauf, man müsse sich die Überzeugung aneignen, «dass das Kind schon vor der Geburt ein richtiges Seelenleben besitzt», und sich auf den Begriff der «Fleischwerdung» (Inkarnation) besinnen, also darauf, dass «in dem Körper eines Neugeborenen ... ein Geist Fleisch geworden (ist), um auf dieser Erde zu leben». Montessori sah in diesem ‹Geist› vor allem den Aspekt des Allgemein-Göttlichen, notierte aber andererseits, dass es des Menschen «eigener Wille (ist), der ihm zur Fleischwerdung verhelfen muss». In Bezug auf diese Fragen stehe die Wissenschaft noch vor einem «weiten, unerforschten Feld». Wir erinnern uns, dass Rudolf Steiner im Inkarnationsprozess die *Individualität* walten sah, die zwar «aus einer göttlichen Weltordnung» heraustritt, aber nicht als Absonderung einer abstrakten kosmischen Energie, sondern als *schon vor der Sonderung* in einem gewissen Sinne autonomes,[17] nämlich vor *eigenem* Schicksalshintergrund sich Ziele setzendes Wesen. Dies sei etwas, «dem man mit scheuer Ehrfurcht gegenüberstehen soll». Es ist schlechterdings unmöglich, den Gedanken eines im Vorgeburtlichen schon vollgültigen individuellen Seins als conditio sine qua non jeder Menschengeburt anzuerkennen und doch andererseits unter Erziehung ein abgestuftes Konditionierungsprogramm zwecks Heranbildung von (man verzeihe den Ausdruck, aber er passt zum Zeitgeist) maßgeschneiderten Kindern zu verstehen – mit der unausweichlichen Folge einer Einteilung in Güteklassen von ‹wohlgeraten› bis ‹missraten›. Wehret den Anfängen! Was mit solchen Kategorisierungen beginnt, endet bei den Lebenswertparametern!

Maria Montessori, die man in die Galerie der verehrungswürdigen Persönlichkeiten abgeschoben hat, statt ihre Ideen ernst zu nehmen, schrieb: «Alles, was die Seele des Kindes angeht, beurteilt (der Erwachsene) nach seinen eigenen Maßstäben, und dies muss zu einem immer größeren Unverständnis führen. Von diesem Blickpunkt aus erscheint ihm das Kind als ein *leeres* Wesen, das (er) mit etwas anzufüllen berufen ist ... als ein Wesen *ohne innere Führung,* das der Führung durch den Erwachsenen bedarf. Schließlich fühlt sich der Erwachsene als Schöpfer des Kindes und beurteilt Gut und Böse der Handlungen des Kindes nach dessen Beziehungen zu ihm selbst. So wird der Erwachsene zum Maßstab von Gut und Böse ... und alles im Kinde, was vom Charakter des Erwachsenen abweicht, gilt als ein Fehler, den der Erwachsene eilends zu korrigieren sucht. Mit einem solchen Verhalten glaubt der Erwachsene, um das Wohl des Kindes eifrig, voll Liebe und Opferbereitschaft besorgt zu sein. In Wirklichkeit *löscht er damit die Persönlichkeit des Kindes aus.*» Und Steiner: «Es gibt etwas im Menschen, was man als Erzieher und Lehrer gar nicht erfassen kann ... und das sich durch die Erziehungskunst entfaltet, ohne dass man es wie ein Abbild der eigenen Fähigkeiten in den Zögling von sich aus hineinbringt.» (GA 305.) Dies gilt es zu retten.

Mariella*

Etwas ist über dein Herz gefallen,
jemand hat gesagt: Bedecke
deine Blöße, und hat dir
ein nachtblaues Tuch zugeworfen.

Nun willst du gehorsam sein,
um diese Stimme
Zärtliches Flüstern zu hören.
Nur manchmal weht ein Angstwind
unter dein nachtblaues Tuch
und enthüllt einen Fuß von dir.

Manchmal weinst du,
nicht oft,
nicht um Trost,
es geschieht nur,
wie Regen niederkommt,
wie Müdigkeit über den Blick fällt.

Manchmal hoffst du, dass jemand
es wagt, deinen Fuß zu ergreifen
und an seinem Herzen zu wärmen,
nicht tröstend, nein:
verlangend.

Du wirst dich keiner Wärme fügen,
die nicht nach deiner Kühle fleht;
deine Angst wird nur lindern,
wer Angst hat
vor deinem verschmähenden Blick.

* M. war, als ich das Gedicht schrieb, 10 Jahre alt und galt als «erziehungsresistent».

Du willst jene Stimme,
die dich in Scham und Fernweh einhüllte,
unter deinem Fenster
Liebeslieder singen hören.

Zu viel verlangst du ...
Es gibt vielleicht einen,
der unbezwingbar und hilflos
zugleich ist; doch diesen
kann niemand besitzen.

4. Der «werterkennende Blick».
Oder: Warum Eltern Eingeweihte sind

Wie manche andere Kolleginnen und Kollegen befinde ich mich als Kindertherapeut und Erziehungsberater nicht selten in der Lage, dass ich verunsicherte Eltern davor warnen muss, sich der grassierenden Unart psychodiagnostischer Menschenklassifizierung nach sogenannten Störungsbildern zu unterwerfen und, derart in die Irre geführt, schließlich ihrem Kind mit subtiler Geringschätzung zu begegnen.[18] Indem sie herablassende Gedanken und Gefühle in sich aufkommen lassen (‹Warum mussten ausgerechnet wir ein solches Kind in die Welt setzen?›), verfehlen sie einen wesentlichen, vielleicht *den* wesentlichsten Teil ihres Elternauftrags, nämlich die kränkenden Auswirkungen des *bewertenden* Blickes, dem das ‹schwierige› Kind überall ausgesetzt ist, durch die Heilkraft des *werterkennenden* Blickes zu mildern. Halten wir diese Begriffe fest: bewertend – werterkennend. Sie scheinen Gleiches zu beschreiben, erweisen sich jedoch bei genauerem Hinsehen als Gegensatzpaar.

Der *bewertende, abschätzende* Blick wirkt *immer* kränkend, auch wenn er zu positiven Ergebnissen führt, denn er degradiert den Menschen zum Objekt einer Qualitätsprüfung, reduziert ihn auf ein zu begutachtendes (totes) Abbild seiner selbst, lässt ihn mitten im Leben zur Pose erstarren und ist somit seinem Wesen nach der beziehungsverhindernde oder beziehungsbeendende Blick. Also fügt er Schmerz zu, einen mit der *Beschämung* verwandten Schmerz, und löst Reaktionen der ‹Beschämungsschmerzabwehr› aus, entfernt vergleichbar dem Reflex des Sich-verbergen- oder Sich-entstellen-Wollens vor der zuschnappenden Fotokamera.[19]

«Dies gehört zur Grundwahrheit der menschlichen Welt: Nur *Es* kann geordnet [*zu*geordnet, bewertet, H.K.] werden. Das *Du* kennt kein Koordinatensystem», schreibt Martin Buber. Der bewertende Blick zwingt das *Du* in die *Es*-Welt. Der *werterkennende* Blick hingegen *heilt* – nicht im Sinne von ‹Krankenbehandlung›, sondern in Bezug auf die Kernfrage menschlicher Sehnsucht: Wo finde ich ‹Heil›? Die moderne Sprache hat an die Stelle des Begriffs ‹Heil› denjenigen der ‹Würde› gesetzt. «Das einzelne *Es* kann, durch Eintritt in den Beziehungsvorgang, zu einem *Du* werden» (Buber). In diesem ‹Blick-Wechsel› liegt ein Geheimnis: Den anderen als *Du* – nämlich in seiner Würde – sehen zu *wünschen* schließt schon die Erfüllung des Wunsches ein, weil ich durch mein wunschhaftes (im Unterschied zum zweckhaften) Bestreben, seiner Würde gewahr zu werden, *ihn würdige,* wie wenn das Erkennenwollen eines Zusammenhanges diesen zugleich schüfe. Der werterkennende Blick *ist* therapeutisch und *dadurch* verstehend (oder umgekehrt); der bewertende Blick ist stigmatisierend auf eine Art, die therapeutische Bedürftigkeit erhöht und zugleich therapeutische Zugänge versperrt: Sein kränkender Ausdruck stößt den Gekränkten in eine *widersinnige bestätigende* (nämlich das Vor-Urteil bestätigende) Haltung zurück. In solcher Betroffenheit ist die Abwehr des intervenierenden Ansinnens derer, die (urteilend) getroffen haben, sinnvollerweise als ‹Symptom› enthalten.

Wir können in den vorangegangenen Sätzen überall ‹therapeutisch› durch ‹pädagogisch› ersetzen, denn Pädagogik heißt: helfendes, pflegendes Begleiten, und dies ist die wortgetreue Übersetzung von ‹Therapie›. Die subtilen, aber weitreichenden Wirkungen dessen, was sich ‹über› und ‹zwischen› den Zeit-Räumen direkter erzieherischer Begegnung als Beziehungsgestaltung ereignet, werden mit bemerkenswerter Hartnäckigkeit unterschätzt – auch wo man spirituelle Pädagogik zu betreiben glaubt und dem (dort ebenfalls so genannten) ‹gestörten› Kind gegenübersteht.[20]

Die ‹Würde›, die sich dem werterkennenden Blick erschließt, ist nicht beschreibbar, sondern kann nur erlebt werden im Vorgang des ‹schaffenden Begreifens›. Von diesem wird später noch eingehend die Rede sein als von einem das ‹logische› Paradigma überwindenden (nicht ausschaltenden) Weg zur integralen (im Sinne Jean Gebsers), intuitiven (im Sinne Rudolf Steiners) Wesenserkundung oder *Du*-Erfahrung. Worauf man sich dabei einlässt, beschreibt Buber so: «Die *Du*-Momente erscheinen in (der) festen und zugänglichen Chronik (der *Es*-Welt) als wunderliche lyrisch-dramatische Episoden, von einem verführerischen Zauber wohl, aber gefährlich ins Äußerste reißend, den erprobten Zusammenhang lockernd, mehr Frage als Zufriedenheit hinterlassend, die Sicherheit erschütternd, eben unheimlich, und eben unentbehrlich.» James Hillmann nennt diese Erlebnisqualität «unglaublich faszinierend» und fährt fort: «Sie zwingt uns in jeder Stunde zum Äußersten. Sie stellt die Dinge immer auf den Kopf, fordert die radikalsten Gedanken, deren man fähig ist. Sie bringt die üblichen Verhaltensmuster, die üblichen Gefühle durcheinander. Sie möchte das Unterste zuoberst kehren, damit man revolutionär denken muss.» Das Hauptproblem ist die Zufriedenheitssüchtigkeit! Man will die Dinge hübsch übersichtlich geordnet haben auf einem Gebiet des Lebens, wo die gewöhnlichen, der unbeseelten Welt entnommenen Ordnungsprinzipien nicht nur versagen, sondern «die Neigung zum Bösen» (Steiner, GA 296) annehmen. Diese Neigung verrät sich im Drang nach kategorisierenden Werturteilen über Mitmenschen, im offenen oder latenten pädagogischen (beziehungsweise therapeutischen) Denken nach Zweckmäßigkeits- und Funktionalitätskriterien, im Nicht-wahrhaben-Wollen (oder -Können) des *Du* aus Furcht vor der ‹Unheimlichkeit› vorbehaltloser Begegnung, kurz: in der Vertreibung der Liebe aus den Räumen des Helfens, Pflegens und Heilens (wozu jedes Klassenzimmer, jede Kinderstube gehört) zugunsten einer lieblosen Verwissenschaftlichung des menschlichen, namentlich des kindlichen Seelenlebens. Wir sehen: Es besteht ein Zusammenhang zwischen dem suchtartigen Verlangen nach der Zufriedenheit des ‹Sich-Auskennens› (im Unterschied zum Schritt in die Offenheit des ‹Sich-Einlassens›), der Abirrung der Intelligenzkräfte «zum Bösen hin» (Steiner) und jener Zeiterscheinung des furchtsamen Vermeidens vorbehaltloser (Innen-)Begegnung,

Wie oft bin ich der epidemische Autist sch?

die man bezeichnen kann als ‹epidemischen Autismus›.²¹ «Dinge und Vorgänge von anderen Dingen und Vorgängen eingegrenzt, an ihnen messbar, mit ihnen vergleichbar, geordnete Welt, abgetrennte Welt» (Buber). In *diese* Welt das Kind hineinzustellen als Objekt unseres Messens und Vergleichens ist menschenunwürdig, ob wir es wahrhaben wollen oder nicht.

Es glaube nur ja niemand, dass es in irgendeiner Weise den erprobten Zusammenhang unseres messenden und vergleichenden Oberflächendenkens lockern würde, wenn wir zwar auf unverbindliche Art ‹im Prinzip› einen unversehrlichen, ja unsterblichen menschlichen Wesenskern anzuerkennen bereit wären, uns aber in der Praxis, womöglich mit Verweis auf die ‹Hüllennatur›, doch wieder in die Sicherheit der «festen, zuträglichen Chronik» zurückzögen und dort unter dem Diktat eines fadenscheinigen Funktionalitätsbegriffs die gewohnten Bewertungen vornähmen – in der treuherzigen Annahme, man mache sich lediglich ein ‹objektives menschenkundliches Bild›. O nein! Man würdigt oder entwürdigt. Man nimmt Beziehung auf oder bricht Beziehung ab. Der Beziehung aufnehmende Blick heilt. Der Beziehung beendende Blick kränkt. Letzterer pfahlt das Kind fest in einer Version (!) seines Gewordenseins, die *nicht seine eigene ist;* Ersterer wendet sich an *die* Zukunft, die nur des Kindes eigene sein *kann,* und holt durch den «Eintritt in den Beziehungsvorgang» diese Zukunft ins Heute. Manchmal stünde es den Verfechtern eines spirituellen Menschenbildes gut zu Gesicht, ‹Spiritualität› etwas weniger als kosmische Dimension umspannenden Begriffsüberbau zu pflegen und dafür etwas mehr sich der Gefahr und dem Zauber des «Ich werdend sprech ich *Du»* (Buber) zu überlassen. Der *Erkenntnis*gewinn der «Sicherheit erschütternden» Abkehr vom geläufigen Objektivitätsirrtum ist beachtlich; die ‹kosmischen Dimensionen› treten auf ganz unerwartete Weise *erwärmend* in die (denkende!) Erfahrung, statt in der Kälte des intellektuellen Bewusstseinsfeldes aufzuragen wie monumentale Eisskulpturen, fern aller Lebens- und Liebeswirklichkeit. «Spirituelle Anschauungen, sage ich, nicht intellektualistische! Die Sache ist fertig, wenn die Logik fertig ist. Spirituelle Wahrheiten sind nicht fertig, wenn die Logik fertig ist. Spirituelle Wahrheiten sind solche, die mit den Menschen erst durch das Leben gehen müssen.» (Rudolf Steiner, GA 306.) Dem steht im Wege die unselige Legierung aus Zufriedenheitssucht, intellektuellem Ordnungswahn und Vermeidung von Nähe, die heute das Verhältnis zwischen Mensch und Mensch und damit auch die menschenkundliche Begriffsbildung beherrscht. Ich meine mit ‹Nähe› kein indiskretes, aufdringliches Sich-Nähern, sondern die *Du*-Erfahrung als höhere Sinneswahrnehmung: «Diese Augenblicke sind unsterblich (und) sind die vergänglichsten: kein Inhalt kann aus ihnen bewahrt werden, aber ihre Kraft geht in die Schöpfung und in die Erkenntnis des Menschen ein. Strahlen ihrer Kraft dringen in die geordnete Welt und schmelzen sie wieder auf» (Buber).

Mütter und Väter sind gewissermaßen prädestiniert für diese Beziehungsqualität. Dadurch unterliegen sie zwar der Gefahr, aufgrund ihrer ‹Hellfühligkeit› für das eigentliche, noch verborgene und des Schutzes bedürftige Wesen des Kindes in eine undifferenzierte Abwehrhaltung gegen *jedwede* (auch gerechtfertigte) Besorgtheit Außenstehender zu verfallen. Aber dem ist abzuhelfen, indem man auf die Motive und Einstellungen der von außen Hereinsprechenden achtet und nur denen (ihnen allerdings aufmerksam!) Gehör schenkt, deren Uneigennützigkeit ebenso außer Zweifel steht wie ihre Neutralität und ihr aufrichtiges, warmherziges Interesse. Zugleich werden diese fraglos respektieren, dass sie gegenüber den Eltern ein unaufholbares Defizit an sublimen Kenntnissen über das Kind haben.[22] Solche Nuancen der Gesinnung sind zu spüren!

Sehr oft stehen wir jedoch vor dem gerade gegenteiligen Problem, dass Eltern sich ihrer privilegierten Rolle als unersetzliche Vertrauenspersonen des Kindes und ‹Eingeweihte› in dessen tiefere Wesensschichten gar nicht bewusst sind und also die Möglichkeiten, die sich daraus ergeben, brachliegen lassen. Die (vom Kinde) als engste Schicksalsgefährten Auserwählten verkennen ihren Auserwähltenstatus! So kommt es, dass allzu viele Mütter und Väter «bereitwillig die Beurteilungen (akzeptieren), die das Kind von anderen, z.B. von Kindergärtnerinnen oder Lehrern, erhält», stellt Ursula Nuber bedauernd fest, «und wollen, dass das Verhalten des Kindes geändert und im Sinne der Anforderungen verbessert wird». Statt sich «selbstbewusst auf die Seite (des) ‹schwierigen› Kindes zu stellen», übernehmen sie expertengläubig das Beschädigungsvorurteil. Dabei gälte es hier besonders zu beherzigen, was Jirina Prekop und Christel Schweizer (indem sie für das Eltern-Kind-Verhältnis das schöne Bild eines *Gast*verhältnisses wählen) in die Worte kleiden: «Als ‹Gast› muss sich (das Kind) unter allen Umständen geliebt fühlen, muss verstanden werden und sich auf die ‹Gastgeber› verlassen können. Unter ihrem Schutz lernt es mit Ängsten umzugehen, Krisen und Widerstände zu überwinden.»

Man verstehe mich richtig: Ich will hier den Eltern keine Vorwürfe machen, schon gar nicht einstimmen in den Chor derer, die jedes Zeichen kindlichen Leidens an und mit der Welt von vornherein als Folge schlechter Erziehung oder mangelnder Elternliebe bewerten. Im Gegenteil! Es geht mir darum, Mütter und Väter zu *ermutigen,* ihr Schicksalsprivileg mit Dankbarkeit anzunehmen und beherzt gegen die Anmaßungen einer allgegenwärtigen ‹Pädagokratie› (Herrschaft der diplomierten Kinderkenner und Dysfunktionsspezialisten) zu verteidigen.²³ Damit ist nicht gesagt, dass es falsch wäre, fachkundigen pädagogischen Rat einzuholen oder einem Kind therapeutische Hilfe zukommen zu lassen. Man kann sich ja auch in eigenen Orientierungskrisen rat- und hilfesuchend an dafür zuständige Personen wenden, ohne im Geringsten seine Souveränität aufzugeben. Aber wenn ein Mensch, den ich um Beistand bitte, so tut, als sei er mit meinem Leben und meiner Seelenwelt besser vertraut als ich selbst; wenn er also sein Expertentum *einschüchternd* in Stellung bringt und mich zum ‹Laien›, wenn nicht gar zum Dummkopf gegenüber meinen eigenen innersten Angelegenheiten degradiert (etwa indem er ‹Defekte› sieht, wo ich vor substanziellen und richtungsentscheidenden Daseinsfragen stehe, was nun einmal nicht abgeht ohne Hilflosigkeitsgefühle), dann gibt es nur zwei Möglichkeiten: Entweder ich füge mich dem Inkompetenzurteil des Beraters, glaube nicht mehr an mich selbst und lasse mich fortan bevormunden; oder ich verbitte mir diese Art von ‹Hilfe› energisch und stelle klar: Ich bin auch dann der mit Abstand beste Kenner meines eigenen Lebens, wenn ich jemanden bitte, mir vorübergehend zur Seite zu stehen, weil ich mich elend fühle.

Ähnliches gilt für die Eltern sogenannter schwieriger Kinder. *Sie* sind die ‹Experten›. Das Schicksal hat sie an eine besonders anspruchsvolle Aufgabe herangeführt! Es würde ihnen an Verantwortungsbewusstsein für diese Aufgabe mangeln, wenn sie nicht – wodurch sich Kompetenz von Dilettantismus unterscheidet – den Gedankenaustausch mit anderen, auf demselben oder einem angrenzenden Gebiet Tätigen suchten; wenn sie nicht – wodurch sich ebenfalls Kompetenz von Dilettantismus unterscheidet – zuweilen von Zweifeln und Versagensängsten heimgesucht wären! In der Tat: Selbstgefälliges ‹Immer-alles-Wissen› ist ein untrügliches Kennzeichen für Scharlatanerie. Das gilt für Erziehungsberater, Therapeuten, Lehrer und sonstige Facharbeiter in Kindheitsangelegenheiten *genauso* wie für Eltern. Man muss aber leider sagen, dass die erwähnte ‹Pädagokratie› heute eine elitäre Großveranstaltung unter Ausschluss der *eigentlichen* Fachleute ist, nämlich der Mütter und Väter. Sie finden sich von vornherein in die Klientenrolle gedrängt, als sei Elternschaft für sich genommen ein Zustand der Betreuungsbedürftigkeit, treten also gewissermaßen ihren Erziehungsberuf schon in dem gesellschaftlich vermittelten Gefühl an, sie seien gar nicht dafür qualifiziert.

Aus der allgemeinen Geringschätzung ‹nur-elterlicher› Kompetenz ist längst eine Selbstgeringschätzung großer Teile der Betroffenen geworden. Dies führt notgedrungen zu Unsicherheiten und erzieherischen Fehlhaltungen aus Unzulänglichkeitsgefühlen, was wiederum die Pädagokratie zu legitimieren scheint. Wie kann dieser Teufelskreis durchbrochen werden? Es mag für den unvorbereiteten Leser abwegig klingen, wenn ich sage: Die Eltern müssen sich wieder der Würde ihres Elternseins bewusst werden, indem sie sich mit dem Gedanken vertraut machen, dass ein Kind nicht zufällig in dieses oder jenes Haus purzelt, sondern sich *den* Eltern überantwortet, die es *gewählt* hat.[24] (Dieser Gedanke wird noch an Plausibilität gewinnen, indem wir ihn von verschiedenen Seiten beleuchten.) So gesehen sind Mütter und Väter unanfechtbar die primären Erziehungsverantwortlichen und (der Möglichkeit nach) qualifiziertesten Lebensbegleiter für *ihre* Kinder und sollten nur das Urteil derjenigen Erziehungs*mit*verantwortlichen oder beratend Hinzugezogenen akzeptieren, die ihnen dieses Privileg zugestehen. Sie sollten aber auch, ich wiederhole es, bedenken, was das bewusste Ja zu souveräner Elternschaft mit sich bringt: Ohne anhaltendes, selbstkritisches Erkenntnisbemühen, ein offenes Ohr für aufrichtig gemeinte Ratschläge (oder Einwände) und wirkliche Begeisterung an der übernommenen Aufgabe kann kein Mensch, ganz gleich auf welchem Gebiet, ein Kundiger werden. Dies schließt ‹Schaffenskrisen› nicht aus. Im Gegenteil, sie gehören dazu; durch sie werden ungeahnte schöpferische Quellen freigelegt. So ist es, wie in jeder Kunst, auch in der ‹Erziehungskunst›.[25] «Die Eltern von heute werden viele Fehler machen, so wie auch schon ihre eigenen Eltern Fehler gemacht haben», schreiben Prekop/Schweizer, «aber das dürfte nicht abschrecken. Ohne Fehler keine Entwicklung. Ohne Probleme keine Lösung.» Wäre hinzuzufügen: Wo echtes, von Herzen kommendes Verstehensbemühen die Richtung gibt, sind erstens ‹Fehler› keine katastrophalen Abirrungen, sondern verzeihliche Ungeschicklichkeiten, und greifen zweitens verborgene Kräfte helfend ein, die oftmals so wirken, dass das, was zunächst wie ein Versagen erscheint, sich später als instinktiver Glücksgriff erweist.[26]

Dabei ist zu bedenken: Die Betonung des Elternprivilegs und der damit verbundenen hohen Verantwortung widerspricht nicht der Zurückweisung des heute bei jeder Art von kindlichen Seelennöten blindgläubig angewandten edukationistischen Glaubensbekenntnisses («Ein- und Aufprägungsmodell»), wonach «alles Erziehung» sei. Die Eltern «machen» das Kind nicht (vgl. Teil 2, Kap. 3) und sind *dennoch* die wichtigsten Menschen in seinem Leben. Das ist jedenfalls die Regel. Der Erziehungsauftrag kann (und wird mehr und mehr) darin bestehen, die richtigen Handlungsanregungen aus der Einsicht zu empfangen, dass Kinderseelen, vorausschauend auf hindernisreiche Lebenswege, in der Wahl ihrer Eltern geleitet werden von der Frage: Wo finde ich die besten Voraussetzungen, um die mir bevorstehenden Schwierigkeiten zu meistern? – In vielen Fällen besteht heute die Tragik nicht darin, dass die Eltern sogenannter schwieriger Kinder die ‹falschen› wären, sondern dass sie die ‹richtigen› sind, dies jedoch unter dem Einfluss herrschender Denkgewohnheiten nicht begreifen. So kann es geschehen, dass sie gegenüber den Orientierungsschwierigkeiten des in die Fremdheit der Erdenverhältnisse eintretenden Kindes lähmende Schuldgefühle entwickeln, wo es eigentlich darum ginge, sich ihrer *Berufenheit* zur verständnisvollen Milderung bzw. zum mildernden Verständnis dieser Schwierigkeiten (die wir mit Steiner und Montessori ‹Inkarnationskonflikte› nennen können) bewusst zu werden. Manche schier ausweglose Zuspitzung des Eltern-Kind-Verhältnisses beruht auf *diesem* zentralen Missverständnis.

Dem Berufenheitsgedanken Wirklichkeitswert zuzubilligen, ihn also nicht nur als ‹Gleichnis› gelten zu lassen (falls man ihn überhaupt gelten lassen will), ist sowohl ein Wagnis als auch eine hohe qualitative Anforderung an das Denken, denn «dasjenige, was der Mensch als Intellektualität ausbildet, hat einen starken Hang, träge, faul zu werden. – Es wird aber beflügelt, wenn der Mensch es speist mit aus dem Geiste gewonnenen Vorstellungen. Die bekommen wir aber nur in unsere Seele hinein auf dem Umweg durch die Fantasie.» (Rudolf Steiner, GA 305.) Das Ein- und Aufprägungsmodell, sei es mit edukationistischer oder genetischer

Präferenz, ist ein Erzeugnis des von der Fantasie verlassenen Denkens. «Durchdringe dich mit Fantasiefähigkeit!», fordert Steiner als pädagogische Grundregel so nachdrücklich, dass man geradezu von einem «kategorischen Imperativ» sprechen könnte. Der Fantasie zu misstrauen aus Furcht, dadurch «gleich der Unwahrheit in die Arme (zu) fallen», sei «feige ... in Bezug auf das seelische Leben». Wenn dies für die pädagogischen Gestaltungen in Elternhaus und Schule gilt, kommt es konsequenterweise auch für das erziehungswissenschaftliche Denken in Betracht. Wir können in das ‹geistige Weltall› keine Beobachtungssatelliten schicken, aber es ist möglich und notwendig, dass wir vermittelst unserer nach *Erkenntnis* strebenden und an moralische *Verantwortlichkeit* sich bindenden Fantasiefähigkeit den außerhalb naturwissenschaftlicher Nachweisbarkeit liegenden Zusammenhängen nachspüren. Nicht eine wild ins Kraut schießende, unverbürgte ‹Fantasterei› ist hier gemeint, sondern die von klarem Denken begleitete Imaginationskraft, die *plausible* Bildgestaltungen ermöglicht und ihnen die Chance der *Bewahrheitung durch Erfahrung* gibt. Diese Kraft hat bei allen großen Auf- und Durchbrüchen des menschlichen Geistes als ‹Initialzündung› gewirkt. Heute benötigen wir sie, um die Trägheit innerhalb willkürlich gezogener Erkenntnisgrenzen zu überwinden und uns beflügeln zu lassen von menschenkundlichen Ideen, deren Wirklichkeitsgehalt sich nicht im üblichen Sinne *be*weisen lässt, sondern *er*weisen muss durch ihre heilsamen Auswirkungen im Verhältnis von Mensch zu Mensch.

Welche erkenntnismethodischen Probleme sich daraus ergeben, wurde schon kurz angedeutet. Václav Havel spricht von Ideen, die «ein elementares Gerechtigkeitsgefühl, die Fähigkeit, Dinge mit den Augen anderer zu sehen, ein Gefühl der transzendenten Verantwortung ... Mut, Mitleid und Glauben» schenken können. Neil Postmans Diktum von der «Krise der Erzählung» (gemeint ist die Verbannung erhabener Ideen nach Disneyland: ins Reich der Trivialität) umschreibt treffend das imaginative Vakuum, das nach dem (berechtigten und notwendigen) Bildersturm der Aufklärung zurückgeblieben ist und heute Raum bietet für eine neue, lebendige, wiederum bilderfüllte Sprache über die Menschenrätsel. Diesbezüglich ist die Erziehungsfrage eine Schlüsselfrage und die aus der Anthroposophie geschöpfte Erkenntnis des Inkarnationsgeschehens, durch die es *denkbar* wird, dass Eltern ‹Berufene› sind, der Beginn einer großen, wahren, lange nicht für möglich gehaltenen ‹Erzählung› über die Kindheit. Wir werden diese Erzählung brauchen. Als «Wort-Weber» ist der Mensch «Welt-Macher» und dadurch erst menschlich, führt Postman gegen die «Werkzeugmacher»-Theorie des materialistischen Verständnisses von Kulturentwicklung ins Feld. Das Berufenheitsereignis bewahrheitet sich erst dadurch ganz, dass wir es wahr-nehmen, das heißt begreifen, begrifflich fassen. Wer wollte behaupten, dass Farben auch dann nicht nur virtualiter, sondern faktisch existierten, wenn alle Menschen farbenblind wären? Oder dass es die Raumperspektive ‹gäbe›, wenn wir das perspektivische Sehen nicht ausgebildet hätten? Ein immanenter Bestandteil der Wirklichkeit von Farben oder räumlicher Perspektive ist die Ausstattung des Menschen mit Wahrnehmungsorganen für diese Phänomene in Verbindung mit seiner Fähigkeit, sie zu benennen und kraft seines Denkens in den Weltzusammenhang zu stellen. Das präkonzeptionelle individuelle Sein zu *denken* ist – in *diesem* Sinne – Teilnahme an seiner Ver-wirklichung. Die Ausbildung innerer Wahrnehmungsorgane für übersinnliche Tatsachen beginnt damit, dass wir diese Tatsachen als «Wort-Weber» in den begrifflichen Weltzusammenhang einholen. Dabei tritt die Gefahr auf, dass «neuer Wein in alte Schläuche» gegossen wird. Das Inkarnationsgeheimnis als ‹plastisches› Ereignis und Initiationsvorgang[27] zu verstehen fordert nicht einfach neue *Gedanken,* sondern neue *Denkbewegungen*. Dies soll im Folgenden ausgeführt werden.

5. Erziehungskunst – was ist das?

Wir stehen vor einer Herausforderung, die wirklich «an die Substanz» geht – die Substanz unseres Welt- und Menschenverständnisses. Hartmut von Hentig («Behaltet die Nerven!») hat zwar Recht: Angst macht kopflos (vgl. Kap. 1). Wenn jedoch die Wahrheit so niederschmetternd ist, dass panische Reaktionen einfach nicht ausbleiben können – soll man dann schweigen, beschönigen?

Wo es um die Not Einzelner geht (verzweifelte Eltern, hilflose Lehrer, traurige Kinder), sind Beruhigung und ermutigender Beistand nötig. Dazu bin ich als Erziehungsberater täglich aufgerufen. Ich maße mir nicht an, Eltern und Lehrer, die ihre Aufgabe ernst nehmen und sich dennoch als Versagende erleben, der persönlichen Unfähigkeit zu bezichtigen, sondern sehe deutlich ihre Verstrickung in die allgemeine Notlage des Auseinanderstrebens von kindlichen Seelenbedürfnissen und gesellschaftlicher Entwicklung. Dabei muss die weit verbreitete kindheitsferne Auffassung von ‹Lebensqualität› mitsamt der dazugehörigen Verflachung des Denkens über die menschliche Seele (und damit auch über die Entwicklung des Kindes) als Teil des gesellschaftlichen Problems begriffen werden. Der Einzelne bedarf demgegenüber der Stärkung und des Zuspruchs. Wo es jedoch darum geht, die Gesamtsituation zu beschreiben, wäre bloßes ‹Beruhigen› und ‹Mutmachen› eine unerlaubte Bagatellisierung. Man würde damit denen zuarbeiten, die sich in der «Okay-Moral» (H.-E. Richter) bequem – und lukrativ – eingerichtet haben.

«Nicht einmal berufsmäßigen Kassandren ... und Bildungsexperten», schreibt Johannes Saltzwedel, «die ... noch immer mit den emanzipatorischen und wertkonservativen Worthülsen der siebziger Jahre aufeinander losgehen», gelinge es «noch», die pädagogische Misere «aufrüttelnd bedrohlich zu schildern». Abgesehen davon, dass es allmählich langweilt, wie jeder dahergelaufene Essayist und Zeitkommentator versucht, sich durch Teilnahme am allgemeinen Herumdreschen auf der idealistischen Gegenkultur der sechziger und siebziger Jahre zu profilieren, ist Saltzwedels Abneigung gegen «Worthülsen» natürlich berechtigt. Gerade die zeitlos und unabhängig von wechselnden Modetrends gültigen Qualitäten, auf die der *Spiegel*-Autor abhebt, werden durch leichtfertigen, inflationären Gebrauch wirksamer entkräftet als durch offene Gegnerschaft. Trotzdem schwenkt Saltzwedel ohne Not auf einen erbärmlichen ‹Zeitgeist›-Trend ein, wenn er in Hinsicht auf die Erziehungsfrage ‹emanzipatorisch› (= Befreiung aus Abhängigkeiten, die sich hemmend auf die Persönlichkeitsentfaltung auswirken) kurzerhand als Hohlformel abtut. Er muss es mit seinem eigenen journalistischen Gewissen abmachen, dass er die warnenden Stimmen, die, jenseits von neokonservativem Rollback und postmoderner Jasagerei, glücklicherweise noch (oder wieder) eine gewisse Resonanz finden, als «berufsmäßige Kassandren» denunziert, als ob sie irgendwelche Vorteile davon hätten, von einer Katastrophe zu sprechen. Vorteilhaft ist heutzutage nämlich nicht der emanzipatorisch-kulturkritische Habitus, sondern das hämische Losschlagen auf denselben in Selbstrechtfertigungsabsicht. Selbstrechtfertigung? Die Mitmacher und Jasager haben, sofern es sich um intelligente Menschen handelt, ein ungutes Gefühl beim Mitmachen und Jasagen. Dieses ungute Gefühl wenden sie reflexartig gegen diejenigen, die nicht bereit sind, sich wider besseres Wissen der großen Koalition der Einverstandenen anzuschließen, nur weil kritisch-emanzipatorische Einstellungen neuerdings als anrüchig gelten. Saltzwedel, der ansonsten einige wirklich kluge Gedanken beisteuert («An die Stelle der Standardfrage, wie und wofür erzogen werden sollte, ist eine andere gerückt: Wer erzieht überhaupt?»), versperrt leider sich selbst und anderen den Blick für die Tatsachen, indem er sich pflichtschuldig weigert, die Situation der Kinder als «bedrohlich» einzustufen. Zweifellos *ist* sie bedrohlich. Allerdings auf eine Art und Weise bedrohlich, die leicht übersehen werden kann, solange man den Blick auf das leidliche äußere (Noch-)Funktionieren des Erziehungsapparats richtet und weder die Perspektive (beispielsweise) des diskret ins Vertrauen gezogenen Kindertherapeuten und Eltern- beziehungsweise Lehrerberaters kennt noch von den Möglichkeiten einer menschenkundlichen ‹Innensicht› Gebrauch machen will. Keine Beschwichtigung führt daran vorbei, dass die Kernfrage in der Tat eine Qualitätsfrage ist, deren Bedeutung weit unterschätzt wird.[28]

Bruno Bettelheim berührte die Qualitätsfrage, als er schrieb: «Die Erziehung von Kindern ist eine kreative Aufgabe, eher eine Kunst als eine Wissenschaft.»[29] Auf dem Felde dieser Kunst herrscht, weil man ihren Kunstcharakter verkennt, ein kläglicher Dilettantismus, ob man es wahrhaben will oder nicht. Das liegt, wie gesagt, nicht an der prinzipiellen Unfähigkeit der einzelnen Erziehungsverantwortlichen, auch nicht an mangelndem ‹Wissen› im gebräuchlichen Sinne (das wachsende Heer von ‹Fachleuten› hat uns der ‹Lösung› der Erziehungsfrage offensichtlich keinen Schritt näher gebracht, eher im Gegenteil), sondern daran, dass man schon im Ansatz von falschen Denkvoraussetzungen ausgeht. Die Fragestellung als solche muss überprüft werden, denn es liegen ihr scheinbare Selbstverständlichkeiten zugrunde, die in Wahrheit Irrtümer sind. So zum Beispiel die Annahme, erzieherisches Handeln sei willkürliches ‹Einwirken› auf die Seele des Kindes und es komme nur darauf an, *wie* man einwirke. Demzufolge wäre das Kind unser Werkstück. Man könnte ja den Hinweis auf die kreative Aufgabe dahingehend missverstehen: das Kind als Tonklumpen, den der Erzieher formt, oder als Leinwand, auf die er ein möglichst schönes Bild malt. Wobei sich über Geschmack bekanntlich streiten lässt. Was ist ein ‹gelungenes (Erziehungs-) Kunstwerk›? Man kann unterschiedliche Meinungen darüber haben, aber genau genommen lässt sich die Frage nicht beantworten, weil sie falsch gestellt ist. Die Qualität eines künstlerischen Ereignisses bemisst sich nicht daran, ob ein nach diesen oder jenen Kriterien ‹gelungenes› Erzeugnis vorliegt – das hängt von der Interaktion zwischen Betrachter und Erzeugnis ab, also von einem weiteren künstlerischen Ereignis. Außerdem ist das Hervortreten einer fertigen Gestalt aus dem Schaffensprozess nicht zwingend erforderlich und deshalb sekundär. Entscheidend ist vielmehr, ob die Qualität, die erscheinen will, einen Menschen findet, der sie versteht. In allgemeiner Form kann von künstlerischer Qualitätsbeurteilung nicht anders gesprochen werden als von der Fähigkeit, dem Erzeugnis anzumerken, ob der Erzeuger es verstanden hat. Aus solchem Verstehen heraus waltet im Schaffensprozess eine bestimmte Art von Sorgfalt, die sich dem Hinzutretenden, der mit dem Werk kommuniziert, als Empfindung von ‹Schönheit› mitteilt.[30]

Die Qualitätsfrage ist also eine Frage des Verstehens. Das Ereignis des Verstehens ist das künstlerische Ereignis. Der Gestaltende verhilft einer Möglichkeit zur Wirklichkeit (man kann es auch umdrehen: verhilft einer Wirklichkeit zur Möglichkeit) dadurch, dass er sich ihrem Werdenwollen verstehend zuneigt. *Verstehen setzt die Anwesenheit des Zu-Verstehenden voraus.* Demzufolge ist Verstehen kein Aneignungsakt, sondern der Akt des Entdeckens oder Enthüllens eines schon Angeeigneten. Das Werdenwollende ist in mir anwesend, sonst könnte ich es nicht verstehen. Wie kommt es in mich hinein? Durch den Entschluss, es zur Erscheinung zu bringen. Das ist der Aneignungsakt. Wie verstehe ich es? Indem ich es zur Erscheinung bringe. Das heißt in Kurzfassung: Der Gestaltende erinnert sich an das noch Hervorzubringende und ermöglicht es dadurch.

Kinder sind nicht die Objekte unserer Gestaltungs- oder Verunstaltungstätigkeit. Ich nenne es nicht nur falsch, sie als solche zu behandeln, sondern unmöglich. Wer es für möglich hält, hat den Kunstaspekt und damit den Zentralaspekt nicht erfasst. Dass es wenig mit Kreativität zu tun hat, irgendwie herumzufuchteln und zu warten, was dabei herauskommt, versteht sich von selbst. Aber der künstlerische Prozess, im Kern erfasst, ist, was man weniger selbstverständlich finden wird, auch kein Prozess des Hervorbringens von irgendwelchen Gebilden, die man zuvor ‹in sich trug› und nun ‹aus sich heraussetzt›, indem man sie ‹einem Material einprägt› und so weiter. Die ganze Geschichte mit dem In-sich-Tragen und Aussich-Heraussetzen erinnert ein wenig an den Kinderglauben, das Rundfunkorchester säße im Radiogerät; sie krankt daran, dass man zu fragen aufhört, wo es gerade erst interessant wird. Wer dem «Geheimnis-Charakter der Kunst» (Johannes Stüttgen) näherkommen will, muss sich schon darauf einlassen, dass sich hier etwas jenseits der gewohnten Kausalzusammenhänge vollzieht, nämlich das paradoxe Ereignis der *Verursachung des Gestaltungsaktes durch die noch hervorzubringende Gestalt*. Diese war nicht kurzerhand ‹vorher in mir vorhanden› oder ‹von mir beabsichtigt›. Der Künstler stellt sich einer nach Verwirklichung ihrer Eigengestalt drängenden Potenzialität zur Verfügung, die ihr Umschlagen in Willensqualität dieser Begegnung verdankt, wobei hier ‹Potenzialität› nicht im Sinne von Eventualität zu verstehen ist, sondern als überraumzeitliche Seinsform: als Wesen. (Traditionelle Kunstwerke, zum Beispiel Gemälde oder Skulpturen, sind sozusagen zu Salzsäuren erstarrte, in feste Formen gebannte Wesen.) Der Gestaltende verkörpert (ist leibhaftig) die Dynamik des Hereindrängens, Hereinwachsens in die raumzeitliche Wirklichkeit. Aber er ‹erfindet› das Hereinwachsende nicht, sondern *dieses ‹findet› ihn* als den Menschen, durch dessen Verstehen es sich selbst erzeugen kann. Im Durchgang durch seinen Leib erwacht das Nichtmaterielle zur materiellen beziehungsweise das Nichtsinnliche zur sinnenfälligen Möglichkeit und wird Ereignis auf dem physischen Plan. Damit ist wohlgemerkt nicht gesagt, eine Vorstellung oder Idee werde ‹versinnbildlicht› oder dergleichen. Vielmehr erkennt der Gestaltende, was ihn ergriffen hat, indem es durch ihn zur Erscheinung kommt. Das heißt, er ist ‹a posteriori› (aus der Zukunft) motiviert. Was vom materiellen Standpunkt aus treffend als ‹Schöpfung aus dem Nichts› charakterisiert werden kann, ist vom geistigen Standpunkt aus Wesenswirksamkeit aus der Zukunft: die Umstülpung des Zeitgefüges.

Wir stehen vor dem Phänomen, «dass das erst Hervorzubringende die Fähigkeit, durch die es hervorgebracht wird, selbst erzeugt, was etwas zunächst Nichtfassbares ist und mit dem Ursprung der Freiheit zu tun hat. Damit ist die Schwelle erreicht» (Stüttgen). Wann und wo immer ein Mensch die Fähigkeit, etwas hervorzubringen, dem Hervorzubringenden verdankt, also den Grund seines Handelns im Handeln selbst und das Handlungsvermögen in der Zukunft findet, ist er Künstler im Sinne des erweiterten Kunstbegriffs. Damit ist zugleich der Kreativitätsaspekt als Zentralaspekt der pädagogischen Beziehung umrissen. Ihn hatte Janusz Korczak im Auge, als er schrieb, der Erzieher reife «durch (das) Kind zu jener Inspiration heran, welche die erzieherische Arbeit verlangt». Rudolf Steiner sprach von der «Liebe zur Erziehungstat selbst» als der eigentlichen Inspirationsquelle (GA 305). Wahrhafte pädagogische Kompetenz ist erst erreicht, wenn der Erzieher sein Selbstverständnis aus einer *Kindheitserfahrung* gewinnt, die ihn an die ‹Schwelle› führt. Die Qualitätsfrage ist eine Frage der spirituellen Vertiefung des Kunstbegriffs im Hinblick auf die pädagogische Beziehung.

Auf keinem anderen Gebiet des Lebens wird der oben umrissene, gewohnte Denkstrukturen aufbrechende Vorgang der ‹verstehenden Bewahrheitung› anschaulicher. Ich verhelfe als Erzieher einer (Menschen-)Möglichkeit zur (Menschen-)Wirklichkeit (oder umgekehrt), indem ich mich ihrem Werdenwollen verstehend zuneige. Diese verstehende Zuneigung *ist Gestaltungstätigkeit* und gleichzeitig die einzige Form erzieherischen Wirkens, die überhaupt in Betracht kommt. Alle im gewöhnlichen Sinne eingreifen-wollenden Maßnahmen und Methoden sind qualitativ unwirksam. Sie zwingen allerdings das Kind zur Abwehr, und dieses ständige Gezwungensein zur Abwehr kann den Selbstgestaltungswillen beirren, schwächen, zum Stocken bringen (unter gewissen Umständen kann es ihn allerdings auch in seiner Entschiedenheit kräftigen).[31] Daran wird deutlich, dass die Zusammenschau der Begriffe Kunst und Erziehung, zu Ende gedacht, das Absichten (und seien es die besten!) verfolgende Erziehungsverständnis als ebenso dilettantisch entlarvt wie das passive, ‹wuchernlassende›. Um zum Wesentlichen zu kommen, muss uns als paradoxe Denkfigur zunächst vor Augen stehen: Das Kind (seine künftige Gestalt) veranlasst und befähigt uns, zu mitgestaltenden Gewährsleuten seiner Selbsthervorbringung zu werden. Die mitgestaltende Kraft ist das Verstehen. Die Begründung meines verstehenden erzieherischen Tuns – das ist nur in zweiter oder dritter Linie äußerliches Agieren – liegt in diesem Tun selbst. Christian Morgenstern hat den Begriff des «schaffenden Begreifens» geprägt. *Ich erkenne die kindliche Individualität, von der ich mich ergreifen lasse, dadurch, dass sie sich hineingestaltet in den Raum meines Verstehens.* Das Vermögen, ‹richtig› zu handeln (wie es das Kind will), strömt mir aus der Zukunft zu. Vermögen und Ziel sind identisch: Es gibt kein außerhalb meines Vermögens liegendes Ziel, und ich vermag nichts, was dem Ziel zuwiderliefe, denn das Ziel ist die Individualität des Kindes, der ich verdanke, dass ich überhaupt irgendetwas für sie vermag. Im Durchgang durch die leibliche Symbiose mit der Mutter (Schwangerschaft), dann durch das Eingewobensein in die Bildekräfte- und Seelengestalten (übersinnlichen Leiblichkeiten) der nahestehenden Vertrauenspersonen erwacht das geistig-seelische Wesen des Kindes zu seiner verkörperten Möglichkeit und wird raumzeitliches Ereignis.

Die Anschauung, zu der wir so gelangen, hat imaginativen Charakter. Gemeint ist die erste Steigerungsstufe des Denkens über das rein intellektuelle Verknüpfen hinaus. Ein Wesen (das Kind) erhebt sich zum Gestalter seiner selbst, indem es sich mit anderen gestaltungsfähigen Wesen verbindet, ihnen seine Zukunft anvertraut und sich in ihnen (wieder-)findet. Diese Verbindung ist das erziehungskünstlerische Ereignis: Das Kind initiiert die erwachsenen Menschen, die ihm nahestehen, weiht sie in sein innerstes Heiligtum (seine Zukunft) ein, aber das ‹Wissen›, von dem wir jetzt sprechen, ist nicht vorstellungsartig, sondern befähigend. In diesem Initiationsvorgang liegt das Geheimnis der pädagogischen Beziehung, die natürlich (wie jeder schöpferische Prozess) nicht nur beglückend ist, sondern auch ein kräftezehrendes Ringen. Zu einer lebendigen, Kreativität entbindenden Kindheitsidee wird man kaum vordringen, solange man in den alten Bahnen des Denkens weitertrottet. Allen pädagogischen Gestaltungen, auch auf institutioneller und gesamtgesellschaftlicher Ebene, muss die Erkenntnis des initiatischen Charakters der pädagogischen Beziehung und der künstlerischen Qualität ihrer Entfaltung zugrunde gelegt werden. In Bezug auf die gesellschaftliche Frage heißt das zunächst: Die pädagogischen Institutionen sind, wesensgemäß beschrieben, Stätten der Einweihung in die soziale Zukunft. Eingeweiht werden die Erwachsenen, indem sie sich für das erziehungskünstlerische Ereignis öffnen. Die eigentlichen Schüler sind die Pädagogen. Ein Netz von Einweihungsstätten, die zugleich Zukunftswerkstätten sind, durchzieht den sozialen Organismus wie ein Bewässerungssystem. Dieses Netz ist die Sphäre des Ineinanderwebens von kreativen Prozessen aus der Quellregion heraus (individualisierte Wärme-Bewegungssubstanz: Kindheit) und materiell-struktureller (erstorbener) Welt.

Natürlich kann jeder Ort, der sich als sozialkünstlerisches Übungsfeld versteht, an dieses Netz angeschlossen sein. Kindheitskraft ist nicht an leibhaftige Kinder gebunden. Aber wo sich leibhaftige Kinder versammeln, um die Erwachsenen zu initiieren, vollzieht sich das Ereignis der Anwesenheit des Künftigen urbildlich. Hier ist die Nahtstelle. Das bedeutet, dass Arbeitszusammenhänge mit sozialgestalterischer Richtlinienbefugnis aus dem pädagogischen Bereich heraus gebildet werden müssten – und nicht Arbeitszusammenhänge mit pädagogischer Richtlinienbefugnis aus dem politisch-administrativen Bereich.[32] Daraus könnte allerdings nur dann etwas Heilsames entstehen, wenn die im pädagogischen Bereich Tätigen den wahren Charakter ihres Tuns erfassen würden im Sinne des oben Ausgeführten. Die gegenwärtige gesellschaftliche Frage spitzt sich auf das Problem zu, dass den politischen und wirtschaftlichen Entscheidungen keine Kindheitsidee zugrunde liegt, dass sie also nicht aus der menschlichen Quellregion heraus getroffen werden und deshalb keine sozialkünstlerische Qualität haben.

«Wenn man das (seelische) Leben in seiner wahren Gestalt entdeckt», sagte Rudolf Steiner, «ist es etwas Schöpferisches (und) zugleich dasjenige, was in unserer Kindheit gewirkt hat (als) plastische, bildsame Tätigkeit.» (GA 305.) Diese Aussage allein wäre geeignet, dem erziehungswissenschaftlichen Denken eine vollständig neue Richtung zu geben. Nicht mit einem eigenschaftslosen Etwas haben wir es erzieherisch zu tun, welches geformt werden müsse, sondern mit einem aus der Zukunft hereinkommenden, nach Gestaltung drängenden *hoffenden* Wesen, das uns – zuerst den Eltern, dann anderen Erwählten (!) – die Eigentümlichkeit seines Hoffens anvertraut und durch unser Verstehen zu sich findet. Das Geburtsereignis ist die Ankunft individualisierter Wärme-Bewegungssubstanz, die im *zeitlichen Gegenstrom* ‹zum Leib kommt› und dort in sich zurückschlägt als zukunftsgerichtete «bildsame Tätigkeit». Nebenbei bemerkt widerspricht der Gedanke der Herkunft aus der Sphäre des noch Hervorzubringenden nicht der Idee wiederholter ‹früherer› Erdenleben.[33]

Diese Zusammenhänge in Worte zu fassen ist, «wie wenn Sie einen Blitz malen» (Steiner). Aber man muss es versuchen, denn die anstehende ‹kopernikanische Wende› des pädagogischen Denkens wird sich nur vollziehen können, wenn man zunächst anerkennt, dass angesichts des Menschenrätsels die naturwissenschaftliche Logik einstürzt, sofern nicht eine andere Logik – die ‹paradoxe Logik› des schöpferischen Prozesses – ihr zu Hilfe kommt.

6. Steht die Auslöschung der Kindheit bevor?

Es ist der Tragweite dessen, womit wir uns hier zu beschäftigen haben, angemessen, dass wir uns nicht mit der Aneinanderreihung apodiktischer Feststellungen begnügen, sondern das Thema gleichsam umkreisen, verschiedene Aspekte immer wieder neu betrachten, schon Gesagtes wieder aufgreifen und vertiefen. Es gibt Zusammenhänge, die sich nach der Art des konklusiven ‹Zuerst-das-und-dann-folglich-das› denkbar schlecht beschreiben lassen, sondern vertraut werden müssen durch allmähliches Sich-Einwohnen, oder sagen wir: vagabundierendes In-Gebrauch-Nehmen – wie ein Kind neues Gelände erforscht.

Um in diesem Sinne das Gebiet ‹Kindheitsidee› weiter abzusuchen, sei ein Seitenblick auf die verdienstvolle Arbeit der schon zitierten Psychologin Ursula Nuber geworfen (siehe Literatur). Wenn ich mich auf Nuber gelegentlich beziehe, kann der Eindruck entstehen, mein Standpunkt sei mit dem ihrigen identisch. Das ist aber nur teilweise der Fall. Zwar ist die Autorin eine tragende Stimme im immer stärker anschwellenden Chor derer, die der Psychoanalyse Sigmund Freuds Voreingenommenheit und Einseitigkeit vorwerfen, ja eine Sammlung von Trivialmythen in ihr erkannt zu haben glauben;[34] zwar erteilt sie in diesem Zusammenhang dem Dogma von der Allmacht der Erziehungseinflüsse eine überzeugende Abfuhr und findet eben dafür meinen Beifall; aber bedauerlicherweise fällt ihr zu dem Problem *grundsätzlich* nichts Originelleres ein, als den alten, ermüdenden Streit ‹Umwelt oder Vererbung› fortzusetzen, indem sie die Gewichte wieder etwas mehr in Richtung ‹Gene› verschiebt und dafür wirbt, ‹anlagebedingten› Verhaltens- beziehungsweise Wesenseigentümlichkeiten mehr Toleranz entgegenzubringen. In puncto Toleranz sind wir uns einig, nicht jedoch darin, einen genetischen Determinismus gegen den Mythos vom allbeherrschenden ‹inneren Kind› zu setzen.

Ich stimme Nuber zu, dass man nicht versuchen sollte, aus einem schüchternen Kind einen geselligen oder aus einem überaktiven Kind einen ruhigen, besonnenen Menschen zu machen. Besser täte man daran, die Vorzüge des schüchternen beziehungsweise überaktiven Verhaltenstyps zu sondieren und *diese* zu fördern.[35] Warum jedoch der genetische Erklärungsansatz dem edukationistischen Modell in Bezug auf Toleranz und Respekt vor dem ‹Anderssein› überlegen sein soll, ist mir schleierhaft. Dass die Weichen in Richtung ‹präventiver Verhaltenskonditionierung› durch vorgeburtliche Eingriffe ins Erbgut theoretisch längst gestellt sind, kann nicht bezweifelt werden. Die wichtigste Aufgabe der pränatalen Diagnostik von Entwicklungs-‹Störungen›, so hofft man, wird es eines Tages nicht mehr sein, Schwangerschaftsabbrüche zu legitimieren, sondern gentechnische Interventionen zur Abwendung der jeweiligen ‹Störung› zu ermöglichen. Ziel: Alle Eltern sollen sicher gehen können, dass sie ‹ganz normale› Kinder bekommen werden. Die Tendenz ist unverkennbar, und ethische Bedenken werden mit beachtlichem Aufwand vorauseilend beschwichtigt. Es geht hier nicht um die Frage möglicher Präventivmaßnahmen bei schweren Erbkrankheiten, das wäre eine gesonderte Diskussion.[36] Entscheidend für unser Thema ist: Hätte man die Möglichkeit, körperliche Funktionen, die mit hyperaktivem Verhalten, großer Ängstlichkeit oder anderen heute sogenannten Verhaltensstörungen einhergehen, schon im Mutterleib zu beeinflussen, würde man es zweifellos tun! Von der grundsätzlichen Zielrichtung und Gesinnung her wäre das kein wesentlicher Unterschied zu dem, was heute schon gewohnheitsmäßig durch Medikamente geschieht: Verhaltens- beziehungsweise Wesensänderungen auf dem Wege der Manipulation körperlicher Vorgänge.[37] Nuber beklagt, dass viele sogenannte hyperaktive Kinder mit Psychopharmaka behandelt werden, sobald die Seelentherapeuten «mit ihrem Latein am Ende sind». Auch dies sei eine Folge der starren Fixierung auf erworbene

Verhaltensmuster beziehungsweise der Vernachlässigung des erbbiologischen Erklärungsansatzes. Wie das? Psychopharmaka beeinflussen biochemische Vorgänge mit Rückwirkung auf die seelische Verfassung, das heißt, der Phänotyp wird durch eine starke, gezielte Fremdeinwirkung vorübergehend ‹umprogrammiert›, und zwar ganz unabhängig davon, ob beziehungsweise in welcher Mischung man die Vorgänge, in die man eingreift, als genetisch determiniert, erziehungs- und umweltbedingt, durch hirnorganische Vorschädigungen verursacht oder wie auch immer beurteilt. Während es Nuber hoch angerechnet werden muss, dass sie auf die Bedeutung der vier Temperamente verweist, die durchaus nicht wissenschaftlich obsolet seien und auch in starker Ausprägung noch keine ‹Störungs›-zuschreibung rechtfertigten,[38] scheint mir ihre Hoffnung, man werde ‹schwierige› Kinder besser akzeptieren, wenn man sie als ‹anlagebedingt schwierig› einstufe, recht naiv zu sein.

Das Problem kann nicht durch einen Stellungswechsel innerhalb des deterministischen Denkens gelöst werden, weil der Determinismus selber das Problem ist. Solange man die kindliche Persönlichkeit als bloßes Konvolut aus (genetischen) Vor- und (umweltbedingten) Einprägungen ansieht, welches durch eine irgendwann irgendwie aufkeimende ominöse Selbstbewusstheit notdürftig zusammengehalten werde, steht dem Ansinnen, zwecks Verbesserung der Umweltverträglichkeit des Kindes (!) durch weitere, gezielte, gegebenenfalls auch prophylaktisch am Embryo vorzunehmende Einprägungen Schicksal zu spielen, prinzipiell nichts im Wege. Man würde ja durch pränatale Konditionierung nur perfektionieren und sozusagen auf den Punkt bringen, worauf materialistisch verstandene Pädagogik mitsamt ihres verlängerten Armes, der Kinderpsychotherapie, ohnehin ausgerichtet ist: Ausmerzung des ‹Störenden›, ‹Absonderlichen› mit der bedauerlichen, aber unvermeidlichen Begleiterscheinung, dass man auf diese Weise auch das Besondere allmählich zum Verschwinden bringt.

Denn wo sich Besonderes ankündigt, kündigt es sich *störend* an und bringt unsere bürgerliche Wohnkultur mit ihren gemütlichen

Vorurteilssitzmöbeln, Begriffsschubladenschränken und sorgs gepflegten Gewohnheitsteppichen gehörig durcheinander. l Fremdenfeindlichkeit der Alles-muss-seine-Ordnung-haben-Welt richtet sich nicht nur gegen Ausländer. Sie sitzt als sozialpsychologisches Phänomen viel tiefer und trifft auch die Kinder, die ihr Fremdsein in dieser Welt besonders stark empfinden und – weil sie dies nicht verbergen können – befremdlich auf uns wirken. Ihnen die *Gastfreundschaft* anzubieten, von der Prekop / Schweizer sprechen, lässt sich in die Worte kleiden: «Ich will dir Mut machen, nicht aufzugeben, wenn du stolperst. Denn ich weiß, dass dein Weg zunächst durch ein Land geht, in dem ich mich besser auskenne (und dass) dir die Sitten dieses Landes noch fremd sind.» Stattdessen ist der Drang, sie ‹restriktiv einzubürgern›, übermächtig, wobei ich jetzt von einem *restriktiven Habitus* spreche, der nicht ‹böse gemeint› ist. Im Gegenteil. Was sich bei genauerem Hinsehen als Handlungskonsequenz einer opportunistischen, ‹fremdenfeindlichen› Erwartungshaltung an kindliche Entwicklungsverläufe erweist, gilt gemeinhin als sozialpädagogische Verantwortungsethik. Man will doch nur ‹Eingliederungshilfe› leisten! Vielleicht erklärt sich die «Erscheinung einer neuen Wurzellosigkeit und Heimatlosigkeit der ‹besonderen› Kinder» (Christian Bärtschi) nicht zuletzt daraus, dass die Heimat, die wir ihnen bieten, eben das ‹Besondere› nicht zulässt, weil es sich im rudimentären Stadium ‹absonderlich› ausnimmt. «Ich wage die Behauptung: In Zukunft wird alle Pädagogik Heilpädagogik sein müssen – ‹heil› im Sinne von ‹ganz›» (Bärtschi). Das aber heißt: Unsere Aufgabe gegenüber den ‹störenden› Kindern ist eine *ergänzende,* zum Beispiel der ‹Eigen-tümlichkeit› behutsam die Sozialfähigkeit einwebende, in Vorbildfunktion! Wie soll ein kleiner Sonderling lernen, mit uns zu leben, wenn er spürt, dass wir nicht willens und fähig sind, mit ihm zu leben? Dass der Anpassungsdruck der ‹schwarzen Pädagogik› lebendige Zeitbomben oder seelisch Gebrochene hervorbringt, hat sich mittlerweile herumgesprochen; dass es keine geeignete Alternative ist, Kinder einfach führungslos treiben zu lassen (‹Antipädagogik›), ebenfalls. Man hätte also jetzt den nötigen Erfahrungshintergrund, Einsicht zu gewinnen in die Notwendigkeit eines neuen, erziehungskünstlerischen («pädosophischen») Denkansatzes, wie wir ihn hier gleichsam einüben und wie er sich in der von Bärtschi angesprochenen *heilpädagogischen Haltung* manifestiert. Diese zeichnet sich aus durch ihren affirmativen, ermutigenden, soziale Bürgschaft, das heißt Vorleistungen auf Vertrauensbasis erbringenden Charakter und – was das Wichtigste ist – dadurch, dass sie die ‹würdigende Gesinnung› des Erziehers als konkreten Heilfaktor berücksichtigt. Wofür sind Bestätigung, Ermutigung, soziale Bürgschaft und, dies alles einschließend, Würdigung nötig? Beuys gibt im Zusammenhang mit dem ‹erweiterten Kunstbegriff› eine Antwort, die auch hier gilt: «Der Mensch ist gar kein Erdenwesen. Er ist für diese irdischen Verhältnisse partout gar nicht gemacht. Er ist nur zu einem Teil auf dieser Erde, um etwas ganz Bestimmtes zu erarbeiten.» Kinder nehmen diese Fremdheit in den irdischen Verhältnissen sehr deutlich wahr, sie wollen eigentlich ‹heimkehren› und spüren doch auch, dass sie hier «etwas ganz Bestimmtes zu erarbeiten» haben.

Für die sogenannten schwierigen Kinder, die wir mit *Bärtschi* lieber «besondere» nennen wollen, wird dieser Konflikt auf die eine oder andere Art zur Zerreißprobe. Er wird auch für manche Erwachsenen zur Zerreißprobe, aber wir sprechen jetzt von Kindern. Die Welt verändert sich immer mehr dahin, dass der Mensch, wie er *ankommt,* ein Unwillkommener ist. Oder: Die Welt ist immer weniger bereit, den Kindheitsimpuls aufzunehmen, dessen «regenerierender Hauch die stickigen Gase verjagen soll» (Maria Montessori). Sie *muss* ihn aber aufnehmen, um nicht den Vergiftungsprozessen der alt gewordenen Zeit zu unterliegen. Die geistig-kulturell und sozial vorherrschenden Kräfte wirken vom Todespol her. Ich meine nicht den persönlichen, leibliches Dasein beendenden Tod, der heute als «Symbol der reinen Destruktivität» (Horst-Eberhard Richter) verleumdet wird – nicht den Tod als Umschmelzpunkt und Ort des größten Lebensgeheimnisses,[39] sondern den Tod als Kältekraftfeld, ‹das Ertötende›, dem tief erschrocken ‹der Gestaltende› gegenübersteht. In diesem Kraftfeld vollzieht sich unter den Augen «der herrschenden euphorischen Allianz des positiven Denkens» (Richter) als «Ausdruck ... der Getrenntheit des Menschen von seinem überweltlichen Wesen» (Karlfried Graf Dürckheim) dasjenige, was ich den dreifachen Kreativitätsverlust nennen möchte: Erstarrung der Fantasie (Denktod), Mechanisierung der Beziehungen (Fühltod), Verzweckung des Handelns (Willenstod). Dies führt – gesamtgesellschaftlich – nicht nur zur Verödung der ‹Bildungs›-landschaft, des Rechtswesens und der wirtschaftlichen Verhältnisse, sondern mit frappierender Konsequenz auch dazu, dass immer verheerenderes Material zur Sprengung, Defiguration und Entrückung angehäuft und benutzt wird.[40]

Nicht zufällig sind *Kinder* zugleich einer unfasslichen Brutalität neuen Zuschnitts ausgesetzt: Sie werden ge-, miss- und verbraucht im Vollzug des teils geschäftsmäßig organisierten, teils von zerbrochenen Einzeltätern exekutierten Rituals sexueller Besudelung und Verstümmelung des ‹Reinen›, ‹Unschuldigen›. *Die schwarze Initiation findet in der gutbürgerlichen Wohnstube statt.* Oft folgt der seelischen Hinrichtung die physische. Das fast schon obligatorische *Mitfilmen* der Vorgänge ist mehr als Geschäftemacherei mit Onaniervorlagen. Die Zeremonien der *Tötung der Liebe* werden verewigt, vervielfältigt, zur Schau gestellt. Eine Art Triumph drückt sich darin aus. Kinderschändung, florierender Kinderpornografiemarkt, pädophiler Tourismus, Eltern, die ihre Kinder zur Prostitution vermieten – an keinem Zeitphänomen zeigen sich Wesen und Wirkung des Kältekraftfeldes erschütternder. Es geht um nichts weniger als die Auslöschung der Kindheit. Unbewusst symbolhaltig – eben rituell – wird durch *sexuellen*, also ins Zentrum der Liebe- und Nähebedürftigkeit zielenden Kindesmissbrauch der aus dem vorgeburtlichen Unschuldsraum hereinströmende Wärmeimpuls paralysiert. Der dreifache Kreativitätsverlust erzeugt das Klima, in dem sich das Ungeheuerliche als furchtbar banale Realität etablieren kann. Jedes Jahr der regierungsamtliche Pflichtbericht über die erschreckende Zunahme von Greueln an Kindern. Monotonie der Schreckensmeldungen. Neue Serie von schauerlichen Anekdoten zum Frühstück, diesmal: Kinderschänder. Aber was steckt *wirklich*, jenseits von Pflichtübungen und Schauergeschichten, hinter dem Großangriff auf den Unschuldsraum?

Die erstarrte Fantasie kommt nicht mehr an das Bild der Würde, das Bild *des Kindes* heran; im Klima der Mechanisierung der Beziehungen ertaubt der «Du-Sinn» (Buber) oder «Ich-Sinn» (nach Steiner der Sinn für das *andere* Ich: für das ‹innere Heiligtum› des mir gegenübertretenden Menschenwesens); die Verzweckung des Handelns verstellt den Freiheitsraum für intuitive Liebestaten aus imaginativer Wesensschau und unmittelbarer (inspirierter) Du-Erfahrung: Imagination, Inspiration und Intuition als die von Steiner beschriebenen, in der Du-Bezogenheit für den heutigen Menschen schon erreichbaren Metamorphosen des Denkens, Fühlens und Wollens sind diejenigen gesteigerten Bewusstseinsfähigkeiten, die den herabgeminderten Seelenzuständen des dreifachen Kreativitätsverlustes polar gegenüberstehen. Sie bilden das ‹magische Dreieck›, in dem die Kindheitsidee erwacht, und können sich nur im Hinstreben zur Kindheitswesenheit entfalten. Deshalb ist *sie* das Hauptangriffsziel der vom Todespol her wirkenden Kräfte.

Die «nekrophile Orientierung», die, wie wir spätestens seit Erich Fromm wissen, nicht nur ein psychopathologischer Einzelbefund, sondern eine Kulturdiagnose ist, richtet sich gegen die Kindheit und alles, was aus Kindheitskräften weltgestaltend tätig werden will. Sie richtet sich also gegen die Zukunft, das evolutionäre Prinzip, die Kunst! Man muss an den Qualitätszusammenhang «Kunst = Wärme-Bewegungsstrom / zukunftsherkommend = Kindheit» (und umgekehrt) erinnern, damit die eigentliche Zielrichtung der «ahrimanischen» (Steiner) Offensive deutlich wird. Und man muss sich damit vertraut machen, dass im Hintergrund dieser Verdunkelungen das Ereignis des Hereindrängens einer neuen Christus-Erfahrung steht, gegen die sich mächtige Gegenwehr erhebt. Christus als *der Kindheitsrepräsentant,* «der sich Bewegende» (Beuys), aus dem Unschuldsraum Wiederkehrende als Bildner von Ideen und Anstifter zu Taten, die zwischen Himmel und Erde – also zum Kindheitswesen – Verbindung schaffen, wird vom Sperrfeuer der Gegenmächte empfangen.[41] Deshalb scheint es so (und ist in gewisser Hinsicht auch der Fall), dass die Verbindungs*losigkeit* zwischen Himmel (Kindheitspol) und Erde (Todespol) radikal ist wie nie; das Kind «schaudert ... in der Verfremdung» (Martin Buber). Alles hängt davon ab, wie viele Menschen den nahenden, aber nie sich aufdrängenden Liebesimpuls, gegen den sich das Kältekraftfeld verdichtet, denkend bewahrheiten und in durchfühltes Wollen umsetzen. *Dies wiederum hängt davon ab, ob die Kindheitsidee erfasst wird.*

Darin liegt der aufzehrende Widerspruch: In die thanatomanischen Irrungen der Welt hineingezogen, verliert das Ich *den* Weltbezug, der «zwischen Schlaf und Schlaf im Blitz und Widerblitz der Begegnung» (Buber) entsteht und den Menschen als Gestaltenden, sich selbst zum Beziehungswesen und die Welt zum Beziehungsraum Gestaltenden weckt. *Dieses* Eingewobensein in den Weltzusammenhang verlangt einen schöpferischen Vorbehalt oder Rückbezug (zum Kindheitspol); das Hereingerissenwerden ins Kältekraftfeld und Dreigeteiltwerden in die Fragmente der Beziehungslosigkeit (erstarrter Denkmensch, mechanisierter Beziehungsmensch und verzweckter Tatmensch) ist Verbannung: Sich selbst und der Welt entfremdet und doch ausgeliefert, kennt der Gefangene keinen Rückbezug und keine Überschau, keine öffnenden Du-Momente, kein befreites Gelände für ‹Baumpflanzaktionen›.[42] Das ist es, was Kinder fürchten und dem sie sich dennoch aussetzen, in rührender Überschätzung ihrer Kräfte oft, getragen von einer Hoffnung, die Ehrfurcht gebietet, von einem Vertrauen, das uns nicht nur beschämen, sondern auch enthusiasmieren sollte, alles zu tun, um es nachträglich zu rechtfertigen. Stattdessen findet sich das vom Himmel kommende und gemäß seiner Herkunft um Fassung ringende Kind in unseren Kältebreiten allzu oft wieder als «ein Störenfried, der etwas für sich sucht und nichts findet, der eintritt und sogleich fortgewiesen wird» (Montessori).

Der Kindheitsimpuls (die Geburt) ist «Initiation zum Zwecke der Bewegung» – eine im Zusammenhang mit dem Christus-Impuls gefallene Bemerkung von Joseph Beuys. Bewegung vollzieht sich in der Wärme. Es ist also der Wärme-Bewegungsimpuls schlechthin, den die Kinder hereintragen, die Kreativität (als Potenzial), wir können auch sagen: der Individualitätsstrom, der immer (!) das Festgewordene, Erstarrte aufschmelzen und umbilden will. Sodass wir vor der in trügerischer Ruhe auf einen Zerreißpunkt zutreibenden Situation stehen: Es kommen Kinder mit einem immer stärkeren (im Durchgang durch die Sphäre des nahen Christuswesens ‹aufgeladenen›) Wärme-Bewegungsimpuls in die immer kälter werdenden sozialen Verhältnisse unserer «entseelten Rivalitätskultur» (Richter) herein. Diese Sätze klingen vielleicht merkwürdig, aber wir müssen solche Sätze bilden und mit ihnen leben, um im Hinblick auf die Erziehungsfrage den «Gefahren des einseitig sich selbst überlassenen … Intellektes» (Kältezone) zu entkommen (Steiner). Im 19. Jahrhundert beklagte Pestalozzi den «Wohnstubenraub» als Versündigung an den Kindern: «Wir haben die Wohnstuben verödet und vernichtet.» Was der große Pädagoge vor allem auf das häusliche Leben bezog, hat nicht an Aktualität verloren, aber wir müssen es heute erweitern auf die ‹Verhältnisse› überhaupt, die zwar in mancher Hinsicht ziviler geworden sind, aber, wie wir gesehen haben, unter dem Einfluss von Kräften stehen, in denen die zwischenmenschlichen Beziehungen ruiniert werden und sozusagen eine unterkühlte Katastrophe sich anbahnt, deren Hauptleidtragende die Kinder sind.

Ich spreche von sozialem Wärmesturz und geistiger Bewegungsverarmung, von der Diktatur der Mediokrität, dem gelangweilten und zynischen Verödenlassen der Fantasie und der Beziehungen, die in «Gegenseitigkeit des Gebens» erst aufleben können. Aus dem gemütsseelenhaften Mittelmaß erhebt sich niemals Empathie; die

Lust zu schenken als ‹aktionskünstlerisches› Prinzip – *hier* fängt das Beuys'sche «Jeder Mensch ist ein Künstler» konkret an – kann nicht gedeihen in der Schläfrigkeit zweckgerichteter Paarungen und Zusammenrottungen. Wo sind die Freundschaften? Die ‹Artusrunden›? Zum Guten muss sich das Denken *erkühnen,* während die Destruktivität weder Wagnis noch Beweglichkeit verlangt: Ihre Produkte werden im Dienst nach Vorschrift missmutig ausgebrütet. «Natürlich erzeugt eine Kultur, die so ... massiv materialistisch ist wie die unsere, bei ihren Menschen materialistisches Verhalten, insbesondere bei solchen Menschen, an denen nichts anderes vollzogen wurde als die Zerstörung der Fantasie, die diese Kultur ... Bildung nennt» (Michael Ventura).

Wie sollen die Kinder in diesen Verhältnissen heimisch werden? Sie betreten die Erde mit Gestaltungsimpulsen, die schon in der Möglichkeitsform zurückprallen. Ein erweitertes Verständnis von Erziehung setzt die erkennende Bewahrheitung dieser «Erzählung» (wie Postman sagen würde) voraus. Nicht «Ich-schwache» Kinder (wie es immer wieder aus der Gemütlichkeitsecke tönt) haben wir in der Regel vor uns, wenn von ‹verhaltensgestört› die Rede ist, sondern ambitionierte, ja überambitionierte, aber *zurückgeprallte* Individualitäten, deren innere, nur durch ‹imaginatives Ertasten› begreifliche Lage sich umschreiben lässt durch ein Haiku des japanischen Dichters Issa:

«Mit neuen Gewändern
Sitze ich vor dem Spiegel
In Einsamkeit.»

Unter der ‹heilpädagogischen Haltung› verstehen wir den künstlerischen (!) Versuch, den Kindern aus der ‹Einsamkeit vor dem Spiegel› herauszuhelfen, indem wir den zurückgeprallten Wärme-Bewegungsimpuls, durch den sie zunächst wie ‹Fremdkörper› in der Welt stehen (oder zappeln oder sich verkriechen) verstehend aufnehmen. Diese *Würdigung* vollzieht sich auf verschiedenen Stufen, die oben schon erwähnt wurden:

- Durch unsere *bestätigende* Haltung sichern wir das Kind in seinem leiblichen Daseinsgefüge und -gefühl. Das tief innerlich gesprochene ‹Ja› vermittelt Geborgenheit in und Befreundung mit der physischen Existenz.
- Gesteigert zum *ermutigenden* inneren Zuspruch (der äußere Zuspruch nützt nichts ohne den inneren!) stärkt das ‹Ja› die Bildekräfteorganisation des Kindes und gibt ihm Zutrauen in sein Gestaltungsvermögen. Wir vermitteln Heimatlichkeit in der Sphäre der Lebensprozesse: Zeitvertrauen.
- Durch unsere *soziale Bürgschaft,* die einen souveränen, das ‹Ja› in die Zukunft vorstreckenden Willensakt voraussetzt (‹Du bist bei mir zu Hause, gleich was geschieht›), wird das Kind als affektiv-emotionales Wesen gehalten und geordnet.

Dies alles sind Stufen der Liebe, und es sind zugleich Stufen eines künstlerischen, ‹skulpturalen› Prozesses.[43] Man wird sehen, dass es sich nicht um praxisfernes Wortgeklingel handelt. Werfen wir zunächst einen kurzen Blick auf die Umkehrung der genannten Grundforderungen, die nicht identisch, aber gewissermaßen in spiritueller Logik verschränkt sind mit Rudolf Steiners ‹pädagogischem Gesetz›:[44] Wo ich dem Kind nicht daseinsbestätigend gegenübertrete, lasse ich das Gefühl in mir zu, es möge so, wie es ist, nicht existieren, also *anders* existieren. Damit ruiniere ich die leibliche Grundsicherheit und bestärke auf dieser Ebene die Entfremdungserlebnisse, von denen wir sprachen. Wo ich keine ermutigende Haltung aufbringe, fehlt es mir an Zutrauen in die autonomen Entwicklungskräfte des Kindes. Damit untergrabe ich sein Selbstwertgefühl und erzeuge eine Grundstimmung des Versagens. Und wo ich die soziale Bürgschaft verweigere, beschädige ich eben die Vertrauensbasis in Bezug auf das mitmenschliche Gehaltensein und lasse das Kind in seiner Einsamkeit und seinem emotionalen Wirrwarr stehen. Die *Würdigung* umfasst dies alles und ist in letzter Konsequenz nur möglich, wenn sich ein Evidenzerlebnis einstellt in Bezug auf den Wärme-Bewegungsimpuls: das ‹höhere Ich›.

«Das Element der Bewegung zu vermitteln», heißt es bei Beuys, ohne dass dieser explizit auf den Kunst-Kindheits-Zusammenhang zu sprechen käme – er steckt aber in der ‹plastischen Theorie› wie die Blume in der aufplatzenden Knospe –,[45] «ist die Hauptaufgabe ... während in der Gegenwart der Mensch in seiner seelischen Konfiguration in einer tiefen Erstarrung liegt.» Weiter: ‹Ich gehe zurück auf den Satz: Im Anfang war das Wort. Das Wort ist eine Gestalt. Das ist das Evolutionsprinzip schlechthin.» Was für die «Evolution schlechthin» gilt, kann für die Ontogenese nicht ungültig sein. «Man wird ganz anders fühlen und empfinden mit dem kindlich heranwachsenden Menschen, wenn man immer darauf hinschaut, wie sich fortsetzt das, was nicht mehr bleiben konnte in der geistigen Welt» (Steiner, GA 296): die ins Hier hereingesprochene, im Wärme-Bewegungsstrom sich verkörpernde individuelle (Hoffnungs-)Gestalt.

Heute will man bei den ‹besonderen›, aus guten Gründen oft auch sich absondernden Kindern Sozialfähigkeit durch Beseitigung der Eigentümlichkeit erzwingen: als das, was dann eben noch übrig bleibt! Das ist der ‹edukationistische Reflex›, die unklare, von gemütsseelenhafter Ordnungsbeflissenheit gesteuerte Motivation, unter deren Zwangsherrschaft wir stehen. Heilpädagogik hingegen ist, wie ich schon sagte, diejenige pflegende und begleitende Haltung, die sich am ‹heilen› Wesenskern, also an der *Würde* des Kindes, orientiert – an dem, was es unabhängig von Genen und Umwelteinflüssen *selbst ist,* nämlich *werden will:* wie es sich offenbaren ‹würde›, wenn die Welt ein heilpädagogisches Milieu wäre. Die Welt ist aber sehr weit davon entfernt, ein heilpädagogisches Milieu zu sein. Um diesem Ziel wenigstens näherzukommen, muss in uns der Gedanke lebendig werden, dass der Mensch eigentlich derjenige ist, der er werden will, und ein jeder derjenige werden will, der er ist.

Wenn wir uns davon durchdringen lassen, schaffen wir heilpädagogisches Milieu! Dieser Gedanke ist völlig unvereinbar mit dem, was wir ‹defektivistisches Vorurteil› nannten, ganz gleich, ob man die kindlichen Verhaltensweisen, durch die man sich belästigt fühlt, eher den Genen oder der Umwelt zuschreibt. In den ‹Apokryphen› stehen die verwunderlichen Sätze: «Reißt den Menschen aus seinen Verhältnissen, und was er dann ist, nur das ist er. Zuweilen (aber) können die Verhältnisse etwas von seinem Selbst zutage fördern» (zitiert nach Beck, Dauber u.a.). Wir schaffen Räume für dieses ‹Zuweilen›, wenn wir der edukationistischen *und* (eu-)genetischen Begriffsverwahrlosung entgegentreten und dem Kind, vor allem dem ‹schwierigen› Kind (denn hier erst erweist sich die Ernsthaftigkeit unseres Bemühens), das ihm «innewohnende Ziel, das Werdende, dasjenige, was zu einer sinnvollen Verwirklichung hinstrebt» (Jeanne Meijs), zubilligen. Die Kinder spüren das. Sie sind «in dieser Hinsicht sehr empfindlich gegenüber den Erwachsenen und ihrer Umgebung» (Meijs). Die Verschiebung der Begründungspräferenz für sogenannte Verhaltensstörungen von ‹seelisch bedingt› zu ‹körperlich bedingt› wird, um auf den Anfang des Kapitels zurückzukommen, zu nichts anderem führen als dazu, dass der «Mythos (von) Macht und Einfluss der Kindheit» (Nuber) mitsamt seiner psychoanalytischen Priesterschaft dem ‹Mythos von Macht und Einfluss der Gene› mitsamt seiner medizinalen Priesterschaft weichen muss. Und es steht zu befürchten, dass die Hürde vor der Psychopharmaka-Behandlung sogar umso niedriger wird, je stärker die erbbiologische Sichtweise gegenüber den Trauma- und Verdrängungstheorien den Vorzug erhält. Denn man dürfte bei Annahme seelischer Ursachen für seelische Probleme die nichtmedikamentösen Behandlungsaussichten im Allgemeinen günstiger einschätzen, als wenn man genetische Belastungen unterstellt.

Der Respekt vor dem ‹Anderssein› wird nicht dadurch erhöht, das defektivistische Vorurteil nicht dadurch überwunden, dass wir dem von Neigung und Zeitkolorit abhängigen Hin und Her im

Ursachenstreit zwischen dem Primat der Vererbung und dem Primat der Umwelt ein weiteres Jahrhundertkapitel hinzufügen. Es muss vielmehr ernst genommen und in voller Tragweite erkannt werden, dass, wie P. Grasse (zitiert nach Stefan Leber) feststellt, «drei Grundelemente ... zusammen(kommen): die genetische Struktur ..., die Einwirkungen der Gesellschaft und *das eigene Tun,* (woraus) folgt, *dass der Mensch sich teilweise selber erschaffen hat».* Das ist das Erste, die notwendige Grundannahme für ‹ganzheitliches› Denken in der Psychologie. Darüber hinaus kann und muss die konzedierte ‹Selbsterschaffungskraft› so, wie wir es getan haben, weitergedacht werden, bis sie als zentraler und intentionaler Faktor in Verbindung mit dem Ich-Phänomen *am Anfang* erscheint und so erst glaubhaft wird. Auf diese Weise rückt der *Schicksalsgedanke* als *Freiheitsgedanke* ins Blickfeld. Der Begriff der Menschenwürde hätte kein Fundament und deshalb in gewisser Hinsicht auch keine Berechtigung, wenn die Selbstverursachungsidee wirklich der Hokuspokus wäre, für den sie heute noch vielfach gehalten wird.

Dämmerungsgesicht
(für Sophie und andere)*

Du stehst am Fenster, und dein Gesicht
ist wieder das Dämmerungsgesicht,
das fremde neunjährige Gesicht.
Bist du traurig? Ich fürchte mich wie immer.
Sag was. Die Dämmerung hat wieder dein Gesicht.
Warum fürchte ich mich. *Sprichst du nicht mit mir?*
Du stehst am Fenster, ich kenne das schon,
als ob hier drinnen draußen wäre.
Wie eine Obdachlose, die verstohlen
um das Haus ihrer Sehnsucht streicht.
Du frierst, ich sehe es an deinen Schultern.
Es ist warm hier. Gut beheizt. Ich müsste gehen.
Gegen dieses Frieren
hilft mein furchtsames Ausforschen nicht.
Der leise Ärger. Der Anspruch, dein Tröster zu sein.
Dein Zufriedenmacher. Ich habe keinen Anspruch.
Brauchst du irgendwas? – Weiß nicht. Nein lass mich. –
Warum fürchte ich mich.
Als ob irgendwo da draußen, weit, nah,
dein unerreichbares Zuhause wäre, dein Trostland.
Wenn du mich brauchst, du weißt ja ...
Als ob das Fenster ein gläsernes Meer und
dahinter, berührungsnah, unnahbar fern,
dein Drinnen, deine Zuflucht wäre ...

Wie soll ich dein Dämmerungsgesicht
beschreiben, dein Heimwehgesicht,
dein verlorenes Nirgendwohinschauen.
Woher kommst du? Wohin wünschst du dich?
Wo ist hinter dem gläsernen Meer?

Wo ist Nirgendwohin?
Die Ungeduld bricht den Blick für Woher Wohin,
das Gebrauchen bricht ihn, das Beanspruchen,
Durchsetzen, Erzielen, die Angsthast,
das Lohnende.
Wo jeder von uns wohnte in der Zeit vor seiner Zeit,
wo dein verlorenes Nirgendwohinschauen ankommt,
wo die Hoffnung Atemluft ist, nein, Atemlicht, wo
du mich wähltest und ich dich erkannte,
da könnte ich manchmal mit dir sein
für eine Dämmerungssekunde,
wenn es mir gelänge,
zu schweigen,
zu warten,
zu lassen.

---

* S. hatte guten Grund, oft traurig und verschlossen zu sein. Sie fand zeitweise Zuflucht in meiner Familie. Als ich das Gedicht schrieb, war sie acht Jahre alt.

7. Die Zukunft der Kindheit und die Zukunft der Erde

Die «Schöpferpotenz des Menschen selbst» als «Verbindung von ‹Wärme› und ‹Zeit›» (Johannes Stüttgen) ist in der Unmittelbarkeit der Ich-Du-Beziehung zwischen Erzieher und Kind gefordert (‹Zeit› ist das Element des Werdens, ‹Wärme› kennzeichnet den Beziehungsaspekt), aber darüber hinaus ist «Erziehungskunst» (Rudolf Steiner), wie wir gesehen haben, auch eine gesellschaftliche Gestaltungsfrage. Beides durchdringt sich, und eben aus dem Verkennen dieser Durchdringung resultiert das erziehungskünstlerische beziehungsweise (was bei näherer Betrachtung dasselbe ist) sozialkünstlerische Unvermögen, das uns namentlich in den letzten beiden Jahrzehnten des 20. Jahrhunderts in eine Situation manövriert hat, von der Cordt Schnibben sagt, «Schweigen (sei) zur Hauptform gesellschaftlicher Kommunikation geworden». Sozialstaatliche und demokratische Errungenschaften werden Stück für Stück auf dem Altar der ‹Globalisierung› geopfert. Der weltweite, gnadenlose Konkurrenzkampf der Reichen um Rohstoffe und Absatzmärkte verhindert die geistige Auseinandersetzung über gesellschaftliche Zukunftsfragen. Zwar gehört die ‹Erziehungskrise› zu den wenigen wirklich gewichtigen Themen, die publizistisch breit und tendenziell sogar aufrichtig bemüht erörtert werden, dennoch bewegt sich die Diskussion, von Ausnahmen abgesehen, auf einem dürftigen Niveau. Fantasievolle Vorschläge sind geradezu verpönt. Das hängt damit zusammen, dass man die Kindheitsproblematik nicht aus den Untergründen dieser Problematik selbst heraus verstehen will, sondern irrigerweise glaubt, sie an wirtschaftliche und politische ‹Notwendigkeiten› koppeln zu müssen, um sachgemäß zu verfahren.

Es sind aber in dieser Angelegenheit keine *sach*gemäßen, sondern *wesens*gemäße Begriffe erforderlich. Auf ‹sachlichem› Felde wird sich (bildungspolitisch, erziehungspraktisch) allein als fruchtbar erweisen, was dem Wesen des Kindes, dem Ereignis Kindheit verstehend abgelauscht ist. Sozialkünstlerische Kompetenz heißt im Sinne des oben Ausgeführten, Gestaltungsideen aus der Zukunft zu schöpfen, aber nicht aus einer hypothetischen Zukunft, die prognostizierend aus der Vergangenheit abgeleitet wird, sondern aus der Sphäre des ‹nach menschlichem Maß Erstrebenswerten›, das in derselben Art als Ideenkomposition intuitiv erfasst werden kann, wie ich es im Zusammenhang mit dem künstlerischen Prozess für die verhüllte Zukunftsgestalt des Kindes beschrieben habe. Die beiden Fragen sind deshalb nicht zu trennen, weil wie ein Gesetz gilt: *Gesellschaftliche Entwicklungen, deren Hauptbeweggrund ein anderer ist als Bewahrheitung kindlicher Hoffnung, sind Fehlentwicklungen.* Rudolf Steiners ‹soziologisches Grundgesetz›, wonach im geschichtlichen Werdegang immer weniger der Einzelne sich den gesellschaftlichen Bedingungen, immer mehr die Gesellschaft sich den Bedingungen des Einzelnen zu fügen habe,[46] besagt im Kern dasselbe. Denn Steiner hatte ja bei der Formulierung dieses Tatbestandes nicht den Siegeszug des Egoismus im Auge, sondern die *Individualität*. Die Imprägnierung des sozialen Organismus mit Individualkräften macht ihn erst zum evolutionär bildsamen Wesen. Diese Imprägnierung vollzieht sich an den Orten der pädagogischen Beziehung, wenn dort ein Geist waltet, der dem initiatischen Charakter des erziehungskünstlerischen Ereignisses gerecht wird.

Der Richtungsimpuls ist die *juvenile Hoffnung*. Ich wähle den Begriff ‹juvenil› wegen seiner Doppelbedeutung: 1. ‹aus Jugendkräften›, 2. ‹direkt aus dem Inneren der Erde›, wobei hier das *geistige* Erdinnere gemeint ist: die in allen materiellen Bildungen, in jedem Baum, jedem Stein und jedem Staubkorn zur Ruhe gekommenen bildenden Kräfte. Das Schöpfungsgeheimnis ist im Erdmittelpunkt aufgehoben, wie es in der Wesensmitte des Kindes – oder dort, wo jeder Erwachsene zeitlebens Kind bleibt: im tiefsten Herzen – aufgehoben ist. Deshalb verdankt sich Hoffnung dem innigen Einverständnis zwischen Erde und Kindheit. Zukunftswürdiges soziales Leben ist Zeugung aus diesem Einverständnis.

Über den Richtungsimpuls juveniler Hoffnung können uns nur die Kinder selbst Auskunft geben. Aus dem Verständnis der universellen Grundvoraussetzungen beziehungsweise Erwartungen,[47] mit denen der Mensch, wenn er die Erde betritt, seinen individuellen Seinsentwurf verknüpft, aus dem Verständnis also der ‹Anatomie der kindlichen Hoffnung› gesamtgesellschaftliche Gestaltungsideen zu entwickeln, ist ‹Sozialkünstlertum›. Rudolf Steiner rückte die bis zur Unerträglichkeit missbrauchten Begriffe ‹Güte, Schönheit, Wahrheit› in ein überraschend neues Licht, indem er ihnen tatsächlich den Charakter ‹anatomischer› Merkmale des kindlichen Seelenwesens zusprach (GA 293). Auf Wahrhaftigkeit ist das erwachende Denken angelegt, ehe es der Lüge begegnet und lügen lernt; auf Schönheit – im Sinne von ‹Würde› – das Fühlen, bevor es im Angesicht des Entwürdigenden, der Demütigung des Menschen durch den Menschen, von Scham und Empörung ergriffen, aber auch verlockt wird; auf Güte das Wollen, bevor es mit Feindseligkeit in Berührung kommt. Diese drei Qualitäten korrelieren mit den sozialen Kernforderungen Freiheit, Gerechtigkeit und Solidarität. Es gibt im geistigen Leben (Erziehung, Bildung, Forschung, Lehre und Kunst) keinen anderen wirksamen Schutz gegen das Mächtigwerden der Lüge, die Instrumentalisierung des Denkens und der Fantasie zur Durchsetzung von Machtinteressen, als bedingungslose Freiheit. Gerechtigkeit (Gleichheit / Demokratie) ist die für das heutige Bewusstsein unabweisbare Konsequenz aus der Tatsache, dass durch den vertikalen Einschlag des Liebe-Impulses, also durch das Christusereignis, die Du-Erfahrung zur reinen Erfahrung der Gottesebenbildlichkeit (‹Schönheit›) erhöht wurde. Die Ebenbürtigkeit, das heißt ‹Gleichgeborenheit› aller Menschen, ist keine Ermessensfrage mehr, sondern *evident:* Wahrnehmungsinhalt. Daraus resultiert für das soziale Leben als

Gestaltungsvoraussetzung die Beseitigung aller Privilegien beziehungsweise hierarchischen Abstufungen in Bezug auf rechtliche Stellung und Teilnahme an der Rechtsetzung. Solidarität (Geschwisterlichkeit, gegenseitige Hilfe) steht für das ‹Prinzip Güte› in der Arbeitswelt, also dort, wo Menschen zusammenwirken, um Ernährung, Behausung und Pflege für alle zu gewährleisten und die Befriedigung kultureller Grundbedürfnisse materiell zu sichern.[48] Diese Kernforderungen werden heute als politisch korrektes Gerede (‹PC›) verhöhnt oder bestenfalls wie Relikte eines gescheiterten historischen Projekts ‹gewürdigt›. Die Abneigung gegen große, richtungsweisende Zukunftsbilder greift (zufällig?) genauso um sich wie die Unfähigkeit, Kindern gerecht zu werden. Streng genommen aber handelt es sich gar nicht um ‹Forderungen›, sondern um eine Beschreibung des *Menschen,* nämlich der anatomischen Grundelemente seiner *Kindheitsgestalt* (Ursprungs- / Zukunftsgestalt). Wer also darüber spottet, verspottet die Kindheit; wer diese Ideen ins kulturgeschichtliche Museum verbannen will, verbannt die Kindheit (unerkannt!) ins kulturgeschichtliche Museum. Zukunft im Antiquariat: das ist die Absurdität des vorherrschenden Denkens am Ende des kläglich verspielten ‹Jahrhunderts des Kindes›. Wir leben in einer Zeit der Kindheitsverspottung und wundern uns, dass im Zielbereich des Spottes Verstörung, Angst und Trauer um sich greifen.

Pädagogik ist ein Zentralaspekt der «sozialen Skulptur» (Josef Beuys),[49] in gewisser Hinsicht sogar *der* Zentralaspekt. Rudolf Steiner hat dazu unter anderem in seinen Vorträgen *Die Erziehungsfrage als soziale Frage* Grundlegendes dargestellt. «Die soziale Frage des Kindes», schrieb Maria Montessori, «führt uns an die Gesetze heran, nach denen der Mensch gebildet ist.» Hier ist aber nicht von ‹Gesetzen› im gebräuchlichen Sinn die Rede, nicht von einschränkenden Regeln oder unausweichlichen Bestimmungen, sondern es handelt sich eben um das geheimnisvolle Ereignis, dass Bildekräfte aus der Zukunft eingreifen und die menschliche Gestalt als Hoffnungsgestalt konfigurieren.

Das Kind ist ausgestattet mit dem Vermögen (Denken / Licht), Wunsch (Fühlen / Wärme) und Antrieb (Wollen / Feuer), sich auf den MENSCHEN *hinzuentwerfen* als eine unwiederholbare Möglichkeit *seines* Erscheinens.

Auch dies klingt paradox: Selbstverwirklichung (das Bestreben, durch das, so Steiner, «der Mensch sich auf die Spitze seiner eigenen Persönlichkeit stellt») ist einerseits – unter den Bedingungen des Verkörpertseins – der Einsamkeitsweg, der gegangen wird, um alles Wir-haftige zugunsten des Ich-haftigen abzuwerfen, andererseits aber, vom geistigen Standpunkt betrachtet, Entfaltung der Seelenkräfte auf das Menschenurbild zu. Das hängt damit zusammen, dass das «Grundwort Ich – Du» (Martin Buber), welches der MENSCH spricht, nicht in der Wir-haftigkeit gesprochen werden kann. Der Entwicklungsdreischritt zwischen Kleinkind- und Jugendalter vollzieht sich als Parusie des ‹Grundwortes› dergestalt, dass von der Flamme des Aufrichteprozesses, der nachahmenden Weltschöpfung und des ‹zornigen› Ich-Erwachens (erste Lebensjahre) die Wärme des Gewahrwerdens der Menschenwürde ausströmt (Kindheitsmitte). Im Licht des zukunftsöffnenden Denkens werden dann die elementar willenhafte Weltliebe und der verinnerlichte Schönheitssinn motivbildend (Jugendidealismus). Bei diesem Dreischritt bleibt dem Kind die enttäuschende Begegnung mit den jeweiligen widersacherischen Kräften (mit dem ‹kalten Feuer› der Feindseligkeit, der trügerischen Wärme der Selbstliebe und dem irrlichternden Illusionären) nicht erspart, aber das Beschriebene ist der Grundzug, durch den die Gestalt des MENSCHEN vorentworfen wird. Das Kernproblem besteht darin, dass die Gegenkräfte eine fast unangefochtene kulturelle Hegemonie ausüben. Feindseligkeiten, Narzissmus / Egoismus und Illusionismus sind die Strukturelemente des heute vorherrschenden Konzepts von Lebensqualität und Existenzsicherung.

Die Qualitäten des Sonnenhaften (Licht, Wärme, Feuer) als Ich-ergriffene Seelenqualitäten sind die «Gesetze, nach denen der Mensch gebildet ist» (Montessori), und kennzeichnen zugleich die

Hoffnungsrichtung des Kindes, *jedes* Kindes. Sie finden ihre Entsprechung in jenem dreigliedrigen Urbild des sozialen Organismus, in dem Freiheit des Geisteslebens (Lichtzone), Gerechtigkeit und Menschenwürde (Wärmezone) und ein von Helferwillen, gestalterischer Fantasie und Achtung vor den Naturreichen durchdrungenes Produktionsfeld (Umschmelzungszone / Feuerzone) die maßgeblichen Qualitäten sind. Man kann in Umkehrung des zuletzt zitierten Satzes von Montessori sagen: Die Gesetze, nach denen der Mensch als geistig-seelisches Wesen gebildet ist, führen uns an die soziale Frage heran; die soziale Frage ist die Kindheitsfrage. Mit anderen Worten: Das innerliche Ergreifen der Kindheitsidee ist für die soziale Baukunst so unerlässlich wie für den Architekten die Kenntnis der statischen Gesetze.

Teil 2
Aphoristisches in Ausführung der Kindheitsidee.
Erziehungskünstlerische Übungswege

1. Die Kindheitsidee als Kulturfaktor

In Anbetracht der um die Jahrtausendwende immer deutlicheren Zeichen eines anhaltenden sozialen Kälteeinbruchs ist der Frage, ob die Kindheitsidee allgemeines Bildungsgut wird, das heißt als übergeordnetes Gestaltungsthema breite Anerkennung findet, zukunftsentscheidende Bedeutung beizumessen. Ich glaube nicht, dass mittelfristig ein anderes Thema den sozialethischen Diskurs wiederbeleben kann. Im Klima der allgemeinen Utopieverdrossenheit wird kein anderes universelles, über Eigeninteressen und Alltagsprobleme hinausweisendes Ideal zu vermitteln sein als dasjenige, das direkt aus den Quellen der Hoffnung und Menschenliebe geschöpft und dennoch nicht ‹fern›, sondern täglich, stündlich aktuell: unausweichlich ist. Die Kinder sind uns anvertraut, schuldlos, abhängig, auf unser Verstehen existenziell angewiesen. Da gibt es keine Ausflüchte. Ähnlich wie die Grundbegriffe der Evolutionslehre, Tiefenpsychologie oder dialektisch-materialistischen Weltauffassung als ‹abgehoben› und unverständlich galten, ehe sie ins allgemeine Bewusstsein durchsickerten und heute als ganz selbstverständliche Denkfiguren überall anzutreffen sind, wird sich die Idee des Inkarnationsgeschehens beziehungsweise des initiatischen Charakters der pädagogischen Beziehung, also die Grundkenntnis des erziehungskünstlerischen Ereignisfeldes, durchsetzen müssen, um allmählich die vorgenannten Begrifflichkeiten abzulösen (insoweit sie obsolet sind) oder weiterzuentwickeln (insoweit sie entwicklungsfähig sind). Für diese schon heute überall als unklare Sehnsucht sich ankündigende Neuorientierung des Denkens zur *Kindheitswesenheit* hin sind natürlich größere Zeiträume zu veranschlagen, in denen die Kindheitsidee für möglichst viele Lebensbereiche und Wissensgebiete – beispielsweise für Medizin, Soziologie, Psychologie, Philosophie / Ethik, Biologie, Geschichte, Kunst – weiterverfolgt und durchgestaltet werden müsste. Das ist heute und bis auf weiteres der Anknüpfungspunkt, um den notwendigen Qualitätssprung vom anthropologischen zum anthroposophischen Denken als allgemeine Bewusstseinshaltung – nicht als neuerliches ‹Lehrgebäude› – einzuleiten, den ethischen Individualismus, der die Kindheitsidee greifbar enthält, wie eine Aufforderung (der ja Steiner dann selbst nachkam[50]) zugänglich zu machen und einen Bewusstseinsprozess anzustoßen, der zur Reinkarnationsidee hinführt, ohne dass diese als ‹Theorie› verkündet werden müsste. (Das Verständnis des Inkarnationsgeschehens ist die Voraussetzung für das Verständnis des *Re*inkarnationsgeschehens.) Der innere Zusammenhang der Kindheitsidee, wie sie hier aus Anlass des Problems der sogenannten ‹schwierigen› Kinder im Grundriss vorgetragen wird, mit dem erweiterten Kunstbegriff Joseph Beuys' ergibt sich daraus, dass erstens hier wie dort der Mensch auf seine schöpferische Quelle zurückverwiesen, zweitens die Kreativitätsfrage als Bewusstseinsfrage (Verwandeln des *Denkens* im Unterschied zur Auswechslung von Denkinhalten) gestellt wird, drittens die ‹soziale Skulptur› – der sozialplastische Werkzusammenhang – als das eigentliche ‹Thema› allen Denkens, Forschens, Arbeitens und eben auch Erziehens ins Blickfeld tritt.[51] ‹Jeder Mensch ist ein Künstler›, weil er kein Mensch wäre, wenn er sich nicht als *Hoffnungswesen* auf den MENSCHEN (die Gesellschaft mit dem Antlitz des MENSCHEN*)* hinentworfen hätte. Jedes ankommende Kind ist in reinster Intentionalität dieses Hoffnungswesen. Der erweiterte Kunstbegriff und die Kindheitsidee treffen sich in der Aufforderung an jeden Einzelnen, keinen Verrat zu üben an dem, der er im Kern ist, also sich dem Einfluss der Mächte zu widersetzen, deren Zerstörungswerk immer unverhohlener direkt ins Zentrum der Menschenwürde zielt: Der Angriff auf die Kindheit ist zugleich der Angriff auf die schöpferische Individualität.

Erziehungskünstlerische Anregung

Schenken Sie Ihrem Kind, ganz besonders wenn es ein ‹Sorgenkind› ist, unabhängig von kalendarischen Anlässen gelegentlich etwas Selbstgeschaffenes, ein Märchen, ein Bild, eine Puppe, ein Schnitzwerk oder Ähnliches; oder schenken Sie einfach Zeit und Zuwendung: eine herausgehobene Stunde einmal pro Woche an einem bestimmten Tag, die als Feierstunde gestaltet wird – nicht bombastisch, aber stimmungsvoll, in einem geschlossenen Raum, abgetrennt vom Alltagsgetriebe, in wirklich inniger Zweisamkeit, ohne Hektik, ohne Störungen. *Widmen* Sie dem Kind diese Stunde, widmen *Sie sich ihm.* Dies muss *ohne pädagogische Absicht* geschehen. Schenken allein um des Schenkens, Widmen allein um der Widmung willen sind die besten Heilmittel gegen Erziehungsgegrübel und angstvoll prüfendes Hinstarren auf das kindliche Verhalten. Sagen Sie sich einfach: «Ich habe in einem tieferen Sinne *Schulden* bei diesem Kind – nicht weil ich mich im profanen Sinne irgendwie schuldig gemacht hätte, sondern weil ich Grund zur Dankbarkeit habe. Dankbarkeit wofür? Dafür, dass sich dieses Kind *mir* anvertraut hat. Ich will meine Dankbarkeitsschuld durch echte Geschenke begleichen.» Echte Geschenke sind *freie* Liebestaten der angedeuteten Art: Akte der Beziehungsgestaltung aus dem Impuls des Gebens. Das Kind muss sich dieser Geschenke nicht als würdig erweisen. Es *ist* ihrer würdig. Sie stehen ihm zu, weil es da ist. Aber es wird sich durch diese Geschenke *gewürdigt fühlen.* Und dieses Gefühl heilt. *Schenken und Widmen sind heilpädagogische Grundmotive.* Das gilt nicht nur für Eltern, sondern auch für den erweiterten Kreis der vom Kind erwählten Schicksalsbegleiter, zum Beispiel Lehrer, Paten, Freunde, Therapeuten.[52]

2. Menschen oder Pflaumen?

Die Not der Kinder ist nicht zuletzt ein Ergebnis unserer gewohnheitsmäßigen Vorurteile und systematischen Denkfehler. Das zentrale Vorurteil in Bezug auf die Erziehungsfrage ist die ‹Machbarkeits›-Unterstellung: Man geht mehr oder weniger bewusst davon aus, Eltern (oder andere Erziehungsverantwortliche) hätten Menschenschicksale ‹in der Hand›; Kinder seien also, unter Berücksichtigung gewisser erblicher Vorgegebenheiten und nur teilweise kontrollierbarer Umwelteinflüsse, Objekte der ‹Bildung› von außen. Ich möchte dies als den (übrigens auch in Waldorfkreisen weit verbreiteten) *Kardinalirrtum der pädagogischen Machtbefugnis* bezeichnen (vgl. auch Teil 2, Kap. 3, «Von der Selbstüberschätzung des Erziehers» und Teil 2, Kap. 7, «Fähigkeitenkeime»). Wir richten allein dadurch viel Schaden an, dass wir glauben, die Kinder unseren (natürlich nur alleredelsten!) Absichten unterwerfen zu *dürfen* und zu *können*. Diese Haltung führt zur Verständnislosigkeit zwischen Kindern und Erwachsenen. Viele Kinder reagieren darauf mit Verwirrung, Unruhe, Bekümmerung und Angst. Und nun kommt der Teufelskreis in Gang, dass sich die Erwachsenen unter dem Eindruck dieser bei den Kindern auftretenden *Symptome des Befremdens* immer tiefer in den Machbarkeitsirrtum verstricken, immer hemmungsloser zu (natürlich nur alleredelsten!) Manipulationsprozeduren greifen. Die Schrauben der beabsichtigenden, antizipierenden Erziehung werden nicht gelockert, sondern angezogen. Man mag damit äußerliche Anpassungserfolge erzielen, aber was das Kind im Innersten erlebt, ist nichts anderes, als dass die Zeichen seiner Sehnsucht nach *Beziehungsvertiefung* vollständig missverstanden und mit *Beziehungsabbruch* beantwortet werden. Es ist nämlich ein definitiver Beziehungsabbruch, wenn sich die erwählten Schicksalsgefährten darauf einigen, das Kind sei missraten und müsse gleichsam neu konzipiert werden. Die durch den gewöhnlichen Machbarkeitsirrtum ohnehin schon schwankende Vertrauensgrundlage wird durch den Entschluss, ‹defekt›-bezogene pädagogische oder therapeutische Sondermaßnahmen zu ergreifen, vollends untergraben. Man muss das so schroff sagen. ‹Schwierige› Kinder eröffnen eine ungeheure *Chance,* wenn wir *verstehen,* dass die Botschaft ihrer ‹Auffälligkeit› eine kummervolle Frage ist: ‹Warum würdigt ihr nicht das Vertrauen, das ich euch schenkte, als ich euch in mein Geheimnis einweihte?› Die einzig *sinn*volle Therapie für sogenannte verhaltensgestörte Kinder ist das echte *Verstehensbemühen* der nächststehenden pädagogisch Verantwortlichen auf der Grundlage der Einsicht, dass ihnen *vom Kind selbst* das Privileg des Zuganges zu dessen Geheimnis erteilt worden ist.

Viktor E. Frankl schrieb: «Die Eltern geben bei der Zeugung eines Kindes die Chromosomen her – aber sie hauchen nicht den Geist ein.»[53] Nein, das tun sie nicht; im Gegenteil, und darin liegt das eigentliche *Wunder,* das begriffen werden muss: Das Kind ‹haucht› den Eltern (und ferner auch denen, die in einer engen nicht verwandtschaftlichen Schicksalsbeziehung mit ihm stehen – das sind keine ‹Zufälle›) seinen Geist ein. Wir sind inspiriert aus dem Geheimnisbezirk (vgl. Teil 2, Kap. 4), vom Engel des Kindes ausgestattet mit der Fähigkeit der verstehenden Bewahrheitung *dieses* einzigartigen Wesens und Weges. Uns dessen bewusst zu werden und aus diesem Bewusstsein unserer *wahren* Stärke (die eben *nicht* auf erzieherischer Macht beruht!) dem Kind beizustehen, ist heilende Erziehung. Aber was tun wir stattdessen? Wir fügen dem pädagogischen Gewohnheitsvorurteil der ‹Machbarkeit›, um das sich alle anderen gewissermaßen herumranken, noch den Denkfehler hinzu, Erziehung sei dasjenige, was die Erwachsenen zu tun hätten, um die kindliche Entwicklung als möglichst reibungslosen Eingliederungs- und Anpassungsprozess zu gestalten. Eingliederung und Anpassung sind Begriffe, die als entscheidenden Maßstab der Menschwerdung eine Entwicklungsnorm im Zusammenhang mit einem prinzipiell nicht in Frage zu stellenden konventionellen Status quo voraussetzen. Das Eingliederungs- / Anpassungsziel ist also *anti-individualistisch* und *anti-evolutionär*. Es beruht auf der Verkennung der Tatsache, dass der Individuationsprozess gerade eine mehr oder weniger energische Eingliederungs*verweigerung* (bei Rudolf Steiner das Freiheit begründende «antisoziale» Element) fordert. Der Mensch ist insofern *Individualität*, als er sich den Bedingungen *nicht* unterwirft; er ist insofern *Gattungswesen*, als er es tut. Beides ist nötig, aber man muss sich schon entscheiden, wo *erzieherisch* heute die Hauptaufgabe liegt. «Erziehung zur Freiheit» bleibt eine Hohlformel, wenn in der Praxis alles auf Integration ausgerichtet ist und das Freiheitselement in ein biografisches ‹Irgendwann› verlegt wird unter der (falschen) Voraussetzung, möglichst großes Anpassungsvermögen biete den besten Rückhalt für (spätere) souveräne Lebensgestaltung. Die Adaptionsverweigerung muss vielmehr *kreativ geübt* werden,[54] sonst nimmt sie ‹irgendwann› eine unkreative, das heißt destruktive Dynamik an.

Solange wir uns damit herausreden, die Freiheitsfrage sei vor der Volljährigkeit gar nicht relevant, nehmen wir eben nicht ernst, was den initiatischen Charakter der pädagogischen Beziehung ausmacht: Das Kind hat sich uns als Freiheitswesen (Hoffnungswesen) anvertraut, nicht weil wir es frei ‹machen› sollten oder könnten durch diese oder jene Beeinflussungen, von denen wir glauben, es käme dann irgendwann ‹Freiheit› hinten heraus (das ist purer Materialismus), sondern weil wir den *Freiheitsakt des Zur-Welt-Kommens* als solchen würdigen, das heißt ‹verstehend bewahrheiten› *dürfen*. Indem wir so *beschützen*, was Anfang und Ziel zugleich ist, helfen wir dem Kind, das Freiheitsmotiv seiner Ankunft durchzutragen; wir sind die *dafür* erwählten Begleiter. Zu ‹machen› haben wir gar nichts. Auch nicht das Kind ‹zum freien Menschen zu machen›. Es *ist* frei. *Wer das nicht respektiert, kann Kinder nicht erziehen.*

Das Anpassungs- / Eingliederungsziel ist deshalb *anti-evolutionär*, weil es nicht mit dem Zusammenhang zwischen Individualität und Kulturentwicklung rechnet, also verkennt, dass Kinder in Bezug auf den Kulturprozess diejenigen sind, von denen *wir,* die wir wohl oder übel als Sachwalter des Vergangenen ihnen gegenüberstehen, zu lernen haben, welche (vielleicht radikalen) Erneuerungsimpulse aus der Zukunft hereindrängen. Im Verhalten, auch in den Weigerungen der Kinder kann sich vorbotenhaft abzeichnen, was bewusstseinsgeschichtlich heraufzieht und unsere heutigen Denk-, Urteils- und Handlungsgewohnheiten noch überfordert. Mit anderen Worten: Wir haben die unerhörte Chance, *intuitiv Zukunftskundige* zu werden, wenn wir uns namentlich den ‹schwierigen› Kindern mit vorurteils- und vor allem *angst*freier Wissbegier zuneigen, geleitet von der Überzeugung, dass die sorgsame Beobachtung des ‹Stils› ihrer Eingliederungsverweigerung etwas darüber aussagt, welche neuen (zum Beispiel sozialen) Fähigkeiten in der Welt gebraucht werden, wenn die Entwicklung in eine heilsame Richtung fortschreiten soll.

Auf welcher Grundlage urteilen wir überhaupt, wenn wir ein Kind ausgliedern aus der erlauchten Gesellschaft der ‹intakten› Menschen (laut Duden: ‹unversehrt, voll funktionsfähig, ohne Störungen funktionierend›)? Man darf sich diesbezüglich keinen Illusionen hingeben: Wir urteilen unter Missachtung der Individualität, des evolutionären Aspektes und der ‹Gnade› des Auserwähltseins als Erzieher. «Was ist das für ein Begriff von Normalität, an welchem man sich orientiert?», fragt Jürg Jegge und antwortet: «Es handelt sich um die Normen der bürgerlichen Schule, im Weiteren der verbürgerlichten Gesellschaft überhaupt. (Aber) wo steht denn eigentlich geschrieben, wie sich ein Kind entwickeln soll, wann es wie ‹reif› sein soll – ein Begriff, der wohl für Pflaumen prächtig passt, aber doch wohl weniger für Menschen? Und wer bestimmt das?» Es steht geschrieben in der pädagogischen Fachliteratur: in den Lehrplänen, in Elternzeitschriften und Ratgeberbroschüren. Eine wahrlich allgegenwärtige Expertokratie hat sich der Erziehungsfrage bemächtigt. Die Wissenschaft von der kindlichen Entwicklung wäre eine der ausgereiftesten, wenn die Gleichung ‹Quantität + oberlehrerhaftes Gebaren = Qualität› gälte. Kaum auf einem anderen Gebiet wissen so viele Fachleute so genau zu sagen, was richtig oder falsch, regulär oder irregulär sei. Zwar gehen die Meinungen weit auseinander, aber immerhin: Die Experten vermehren sich unaufhaltsam, das Ausbrüten immer neuer (und immer verschwommenerer) Störungs-‹Syndrome› nebst Ursachenvermutungen und Reparaturmethoden wird zum Volkssport der besseren Kreise; Diagnosen wie «leichtgradig autistisch», «latente Angststörung» oder «Aufmerksamkeitsdefizitsyndrom» können eigentlich kaum fehlgehen. Und angesichts dieser gewaltigen Fachkompetenz wird in der pädagogischen Praxis die Verunsicherung immer größer! Obwohl man doch so klug ist! Oder gerade *weil* man so klug ist? «Ich will lehren, das wunderbare, schöpferische ‹Ich-weiß-nicht› ... zu lieben», schrieb Janusz Korczak, und von Grillparzer stammt der Satz: «Klugheit ist ja doch ein Notbehelf für Weisheit, wo sie fehlt.»

Erziehungskünstlerische Anregung

Sie versuchen, Ihr Kind zu *porträtieren*. Stellen Sie sich vor, ein etwas merkwürdiger Berater, der aus irgendwelchen Gründen nicht persönlich in Erscheinung treten will, auf dessen Urteil Sie jedoch größten Wert legen, braucht detailgetreue schriftliche Aufzeichnungen, um sich daraus ein Bild zu machen. Er hat Ihnen eine gewisse Zeit für diese Aufgabe eingeräumt und Sie vorgewarnt: Sollte die porträtierende Beschreibung, die Sie ihm zukommen lassen, auch nur eine einzige Aussage enthalten, die nicht *reiner Beobachtung* zu verdanken wäre, sondern den Charakter einer Vermutung, Meinungsäußerung, Bewertung oder Schlussfolgerung hätte, müsste er jede Stellungnahme ablehnen. Ihn interessieren weder lobende noch tadelnde Bemerkungen, weder Ursachendeutungen noch Zukunftsprognosen, weder Analysen noch Fantasien, sondern lediglich Phänomene.

Sie gehen nun systematisch vor, nämlich so, dass Sie sich für den in Frage kommenden Zeitraum (sagen wir zwei Wochen) einen Plan machen, auf welche Einzelheiten Sie an welchem Tag besonders achten wollen. Abends schreiben Sie Ihre Beobachtungen auf. Die Erinnerungslücken, die Sie bemerken werden, schließen Sie am nächsten Tag. Montagsthema (zum Beispiel): Gesichtszüge, Ohren, Kopfform und Haare; Dienstagsthema: Lücken vom Vortag schließen, dann Hals, Schulter-, Brustbereich (Gestalt, Proportionen, Haltung) und Arme / Hände; Mittwochsthema: Lücken vom Vortag schließen, dann: Atem, Stimme; tags darauf: Mimik / Gestik; dann: Hüftbereich, Beine / Füße und Gang; Beschreibung des Spielverhaltens (allein, mit anderen) und Schlafverhaltens, der Essgewohnheiten, Geschicklichkeiten und Ungeschicklichkeiten, bevorzugten Fantasien und Gesprächsthemen und so weiter und so weiter. Legen Sie ein Tagebuch an. Nach einer solchen ‹Epoche› lassen Sie die Sache für längere Zeit ruhen, um dann wiederum vierzehn Tage ‹Porträtieren› einzuschieben, in denen Sie sich teils neue Themen wählen, teils die letztmaligen wieder aufgreifen.

Wenn es einen Menschen Ihres Vertrauens gibt, der sich gern aus dem Tagebuch vorlesen lassen und kritisch dazu Stellung nehmen würde (sind die Beschreibungen *genau,* sind die ‹Auflagen› – keine Mutmaßungen und so weiter – erfüllt?), wäre dies nützlich. Mütter und Väter können auch wechselseitig Tagebuch führen und einander vorlesen. Durch reines, sorgsames Beobachten der äußeren Erscheinung des Kindes (ohne Hintergedanken und Kommentare!) wird die *Er*scheinung für das intuitive Auffassungsvermögen *durch*scheinend. Allmählich tritt etwas vom Kind ausgehendes *Lichtartiges* in die Erfahrung. Dieses teilt sich Ihnen so mit, dass Sie bemerken, wie Ihre gefühlsmäßige Sicherheit im alltäglichen Umgang mit dem Kind wächst. (Eine in dieselbe Richtung, aber noch weiter gehende Anregung wird in Teil 2, Kap. 10 beschrieben.) Man darf ohne Übertreibung davon sprechen, dass sich durch solche Aufmerksamkeitsübungen, die ja gleichzeitig *Bescheidenheits*übungen sind, eine gewisse ‹Hellfühligkeit› einstellt. Man wirft alles, was man an Lebensklugheit und Menschenkenntnis angesammelt zu haben glaubt (falls es sich um anthroposophische Klugheiten handelt, auch diese), den ganzen Verstandeswissensdünkel über Bord! Sonst geht es nicht! Wer nun einwenden wollte, ich redete einer ‹denkfeindlichen› Einstellung das Wort, kann beruhigt werden: Solche Übungen eignen sich bestens dafür, das Oberstübchen zu entrümpeln und durchzulüften. Denkanstrengung bleibt niemandem erspart, der sich mit der Kindheitsidee vertraut machen will – das wird ja in einigen Kapiteln dieser Schrift sehr deutlich. Aber zunächst muss man vom gewohnten intellektuellen Habitus Abschied nehmen und gewissermaßen ganz von vorn anfangen: schauen, lauschen, fragen, staunen … und, nicht zuletzt, *tanzen* – wozu Rudolf Steiner im *Heilpädagogischen Kurs* nachdrücklich auffordert.

Gesprächsauszug.
Miriam M., 7 Jahre alt, in der Sprechstunde vorgestellt
als ungehorsames, widerspenstiges, eigensinniges Kind[55]

(B. = Berater, M. = Mutter)

B.: Es gibt also täglich Zusammenstöße? Kein Tag ohne Streit und Tränen?
M.: Ja, das ist furchtbar. Sie sträubt sich gegen alles.
B.: Gegen *alles*?
M.: Gegen alles, was sie *soll.*
B.: Aber nicht gegen alles.
M.: Na ja, wenn wir nur von ihr verlangen würden, was ihr sowieso Spaß macht, wäre alles in bester Ordnung, klar …
B.: Es kommt darauf an, ob sie innerlich zustimmen kann?
M.: Ja. Aber das tut sie eben meistens nicht.

B.: Geben Sie mir ein Beispiel, wogegen sich Miriam *nicht* sträubt.
M.: Wenn ich sagen würde: Nimm deine Farben und male ein Bild, wäre sie hocherfreut. Sie malt nämlich sehr gern.
B.: Da haben Sie Glück. Das ist ein gutes Zeichen. Fordern Sie Miriam gelegentlich auf, ein Bild zu malen? Bitten Sie sie darum?
M.: Das ist gar nicht nötig. Sie tut es sowieso dauernd.
B.: Sie sollten Sie trotzdem dazu auffordern. Sagen Sie ihr ab und zu: Miriam, ich möchte, dass du ein schönes Bild malst.
M.: Aber wozu?
B.: Damit sie erlebt, dass sich ‹sollen› auch auf angenehme Dinge beziehen kann und zwischen ‹sollen› und ‹wollen› nicht unbedingt ein Widerspruch besteht. Sonst setzt sich bei ihr die falsche Überzeugung fest: Das Angenehme *will* ich, das Unangenehme *soll* ich, deshalb bedeutet ‹sollen› grundsätzlich ‹nicht wollen›. – Außerdem ist es eine Auszeichnung, Miriam um etwas zu bitten, was sie aus freien Stücken gern tut; eine Anerkennung ihres Eigenwillens: dessen, was *sie* zu geben hat. Kreatives Tun wird ja – unterschwellig – vom Motiv des Gebens, Schenkens geleitet.[56] Wenn Sie signalisieren, dass Ihnen Miriams Erzeugnisse wichtig sind, indem Sie danach *verlangen* und dann natürlich auch Ihre Dankbarkeit zeigen, stärken Sie dieses Motiv.
M.: Gut, ich werde als Erstes ein Bild für das Esszimmer bei ihr bestellen ...
B.: ... und schön rahmen lassen, bevor Sie es aufhängen. Es kann übrigens grundsätzlich nicht schaden, in der pädagogischen Beziehung die obligatorische Rollenverteilung ‹Kind bittet / Eltern gewähren oder verwehren› ab und zu auch mal umzukehren. Ich rede jetzt nicht von diesen gequälten Pseudo-Bitten, die an das ‹Gewissen› des Kindes appellieren, sondern von *echten* Bitten, also Bitten um etwas, wovon man weiß: Da schöpft mein Kind aus *seinem Reichtum* und hat etwas zu geben. Es ist eine unbewusste Arroganz, die uns Erwachsene veranlasst, Kinder in die Rolle der ewigen Bittsteller zu drängen, und umgekehrt eine gute Aufmerk-

samkeitsübung, sich zu fragen: Wo liegen die Reichtümer meines Kindes? Wo schöpft und schenkt es aus der Fülle? Man muss erkennen und lieben lernen, was ein Kind freiwillig, ganz selbstverständlich ‹von sich gibt›, und dies eben dadurch würdigen, dass man es begehrt, darum bittet. Im Allgemeinen sind es aber gerade diese Reichtümer, die gar nicht beachtet werden nach dem Motto: ‹Das ist doch nichts Besonderes. Das tut sie / er doch sowieso dauernd.› Erwachsene wollen, dass man respektiert, womöglich bewundert, was sie ‹sowieso dauernd› (beispielsweise beruflich) tun. Warum sollte das für Kinder nicht gelten? – Haben Sie noch ein Beispiel, wogegen sich Miriam nicht wehrt, was ihr einfach Freude macht?

M.: Geschichten. Sie lässt alles stehen und liegen, wenn ihr jemand eine Geschichte erzählt oder vorliest.

B.: Wenn Sie also zum Beispiel sagen würden: Heute Nachmittag gibt es eine Vorlesestunde, dann wäre nicht mit Widerstand zu rechnen?

M.: O nein. Im Gegenteil.

B.: Sie bieten des öfteren Vorlesestunden an?

M.: Ich lese ihr oft vor. Als Belohnung. Oder einfach damit sie Ruhe gibt. Sie quält ja ständig herum: Liest du mir vor? Liest du mir vor?

B.: Meine Frage war, ob Sie gelegentlich eine Geschichte *anbieten*. Einfach so, aus freien Stücken.

M.: Ach, wissen Sie, so weit kommt es gar nicht. Geschichten sind eher eine Art Geheimwaffe gegen die Bockigkeit. Damit lässt sie sich manchmal zum Einlenken bewegen. Und außerdem, wie gesagt, bettelt sie sowieso immer darum.

B.: Sie meinen mit ‹Geheimwaffe›, dass Sie zum Beispiel sagen: Wenn du nachher ohne Geschrei vom Spielen hereinkommst und dir vor dem Essen die Hände wäschst, dann lese ich dir eine Geschichte vor? Und sie hält sich an die Abmachung?

M.: So ungefähr. Mit Geschichten ist manches zu erreichen.

B.: Trotzdem sollten Sie das Vorlesen *nicht* immer an Auflagen koppeln oder sich abbetteln lassen. Auch hier gilt, was ich über das Malen sagte. Fordern Sie Miriam gelegentlich zu einer Vorlesestunde auf! Ohne Bedingungen und Hintergedanken. Nur um ihre Fähigkeit des Zuhörens zu würdigen. Das ist ja eine große Fähigkeit! Ein Geschenk! Was glauben Sie, wie viele Eltern und Erzieher darunter leiden, dass ihnen die Kinder nicht zuhören!

Es wird an einigen anderen Beispielen das Prinzip ‹Fordern / Verlangen, was sie selbst will› erörtert ...

B.: Wir haben vorhin ein paar Beobachtungen zusammengetragen, die vielleicht wichtiger sind, als es zunächst den Anschein hat, nämlich – erstens – dass sich Miriam gern und oft kreativ betätigt; das zeigt, dass sie von sich aus das Bedürfnis hat, etwas Schönes aus sich herauszusetzen, etwas zu *geben;* zweitens, dass sie Geschichten liebt, also gut zuhören kann; drittens, dass sie zum Einlenken bereit ist, wenn man an diese ihre Fähigkeit des Zuhörens appelliert; viertens, dass sie sich nicht sträubt, wenn es gelingt, ihre innere Zustimmung zu gewinnen. Da sind ein paar sehr bemerkenswerte Eigenschaften versammelt, denen das riesige Problem gegenübersteht, dass sie ständig trotzt und bockt, wenn etwas von ihr verlangt wird, was ihre innere Zustimmung *nicht* findet. Richtig?
M.: Ja, allerdings. Und über diesen letzten Punkt wollte ich eigentlich mit Ihnen sprechen. Weniger über das Bildermalen und Geschichtenerzählen. Ich sehe schon ein, dass es sinnvoll wäre, Miriam öfter mal bewusst zu etwas aufzufordern, was sie gern tut. Aber die Schwierigkeit liegt ja darin, dass sie sich gegen alles Mögliche *wehrt.*
B.: Die Dinge gehören zusammen. Man fängt erst an zu verstehen, wenn man Zusammenhänge betrachtet, und Verstehen ist das Wichtigste. Dann finden Sie selbst die richtige Haltung. Die ‹schwierigen› Seiten eines Kindes isoliert, aus dem Zusammenhang gerissen anzuschauen ist nach meiner Erfahrung ein Holzweg. Sinn und Bedeutung eines ‹schwierigen› Wesenszuges zeigen

sich erst in der Beleuchtung durch offenkundige Begabungen oder andere Eigenschaften, die wir, weil sie uns nicht beunruhigen, wie Selbstverständlichkeiten hinnehmen, obwohl sie sich bei näherem Hinsehen als gar nicht so selbstverständlich, sondern eigentlich recht beachtlich erweisen. *Ich finde es beachtlich, dass ein Kind, dem offenbar eine bestimmte Art von Gehorsam (das kommt von ‹hören›) äußerst schwerfällt, auf der anderen Seite besonders gern zuhört und zugleich ein starkes Bedürfnis verspürt, sich bildnerisch mitzuteilen.*

M.: ‹Eine bestimmte Art› von Gehorsam? Miriam ist komplett und chronisch ungehorsam!

B.: Moment, Sie haben selbst die Einschränkung gemacht, dass sie sich nicht sträubt, wenn sie innerlich zustimmen kann. Gehorsam ist ja nicht identisch mit widerwilligem Sich-Fügen! Das ist sozusagen nur die unerquicklichste Art von Gehorsam. Nehmen wir einmal den Erwachsenenstandpunkt ein: Sogar eingefleischte Unabhängigkeitsfanatiker schließen *freiwilligen* Gehorsam nicht aus, denn das wäre ja ein Widersinn, aus Freiheitsdrang zum Ungehorsam *gezwungen* zu sein. Der unerfahrene Bergsteiger gehorcht selbstverständlich dem Bergführer. Das beeinträchtigt seine Freiheit nicht. Er hat sich ja dazu entschlossen.

M.: Und was hat das mit Miriams Widerspenstigkeit zu tun?

B.: Sie bettelt immerzu um Geschichten. Das ist, so merkwürdig es auch klingen mag, ihre Art von ‹freiwilligem Gehorsam›, und wir müssen das übersetzen. Nehmen wir an, sie bringt damit – verschlüsselt – zum Ausdruck, wie sie angesprochen werden müsste, um auch sonst ‹freiwillig gehorsam› sein zu können.

M.: Ich soll alles in Geschichten kleiden? Die Aufforderung, sich morgens die Zähne zu putzen, bei Tisch einigermaßen still zu sitzen, sich abends beizeiten auszuziehen, im Winter nicht ohne Mütze hinauszugehen, das Bemalen der Kinderzimmertapete zu unterlassen und so weiter? Ist das Ihr Ernst?

B.: Nein, so simpel meine ich es nicht. Natürlich können Sie versuchen, öfter mal einen Befehl durch eine kleine Geschich-

te zu ersetzen. Das ist gar keine schlechte Idee. Aber eigentlich geht es mir um etwas anderes. Ich sagte: Wir müssen diesen starken Wunsch nach Geschichten *übersetzen*. Nehmen Sie es wie ein Urbild: Miriam sträubt sich gegen eine Aufforderung, einen Befehl, ein Verbot. Sie will nicht gehorchen. Sozusagen im gleichen Atemzug bittet sie: Erzählst du mir eine Geschichte? Sie will horchen, lauschen. Jetzt charakterisieren wir den Unterschied: Aufforderungen, Befehle, Verbote sind, was die *Sache* betrifft, in einem gewissen Umfang unvermeidlich, aber sie haben von der Grundgebärde her etwas Unpersönliches, Kaltes, Beziehungsloses oder – wenn es zum Streit kommt – Aggressives. Das ist einfach so. Beim Geschichtenerzählen hingegen entsteht eine persönliche, warme Atmosphäre. Beides hat etwas mit ‹Hören› zu tun. Ein Ge- oder Verbot ruft bei jedem gesund empfindenden Menschen stets eine mehr oder weniger starke innere Antipathiegebärde hervor, bei Kindern allemal, auch wenn sie sich äußerlich fügen. Eine untergründige Feindseligkeit gegen den Befehlenden beziehungsweise Verbietenden tritt in der Seele auf, unwillkürlich. Das ist kein schlechter Charakterzug, sondern ein Abwehrreflex gegen das Kalte, Unpersönliche oder Aggressive. Der Eigenwille wird von etwas latent Bedrohlichem attackiert, ein beziehungsfremdes Element ‹stört› die Beziehung. Dagegen entsteht Antipathie. Eine ganz normale Sache. Nur dass dieser Augenblick des Auftretens innerer Abwehr nicht von allen Kindern gleich stark erlebt wird. Manche nehmen das relativ ungerührt hin. Andere erschrecken davor. Warum, weiß niemand. Das ist der Punkt! Es gibt Kinder, die bei einem Befehl oder Verbot erschrecken – aber nicht vor dem Befehl oder Verbot selbst, sondern vor der Feindseligkeitsempfindung, die dadurch in ihrem Inneren entsteht. Ganz besonders dann, wenn sich die Feindseligkeit nun gegen die liebsten Menschen richten muss, gegen Mutter oder Vater zum Beispiel. Gegen andere Personen, zu denen sie ein etwas distanzierteres Verhältnis haben, trotzen diese Kinder meistens viel weniger …
M.: Ja, das stimmt. So ist es auch bei Miriam.

B.: … und dann kommt die Widerspenstigkeit hervor, die so unsinnig erscheint, aber eigentlich ein Aufschrei ist: Ich will nicht diese Feindseligkeit dir gegenüber empfinden! Immer zwingst du mich, dich ablehnen zu müssen! Erzähl mir eine Geschichte! – Stellen wir jetzt mal beides in einen direkten Zusammenhang: Immer zwingst du mich (dich ablehnen zu müssen)! Ich hasse diese Stimmung, die in mir aufkommt, wenn du kategorisch wirst! Erzähl mir eine Geschichte! Die Stimmung, die *dabei* (dir gegenüber) in mir aufkommt, ist schön. – Das heißt doch: Miriam will gerne *hören,* lauschen, sich öffnen. Das ist ihr geradezu ein unersetzliches Lebenselement. Sie sucht es in der Wärme dieser bestimmten Art des Zusammenseins, wo sie, lauschend hingegeben, von Ihnen in einen Strom von Bildern, in eine Fantasietätigkeit hineingeführt wird. In dieser Situation kann sie sich anvertrauen, braucht sich nicht zu wehren, und das sucht sie eigentlich.

M.: Aber ich kann doch nicht immer …

B.: Warten Sie bitte noch einen Augenblick. Die Geschichtenerzählerei ist ja nun inzwischen funktionalisiert. Sie verfolgen einen bestimmten Zweck damit. Oder sie tun es notgedrungen, damit Miriam endlich Ruhe gibt. Es entsteht also auch beim Vorlesen nicht die Nähe, die Miriam eigentlich sucht. Deshalb ist sie jedes Mal enttäuscht und bleibt mit dem Gefühl zurück: Das war es nicht, wonach ich mich sehne, irgendetwas war nicht ‹richtig›; wir müssen es wiederholen. – Ich glaube, die beinahe zwanghafte Quengelei nach Geschichten hängt damit zusammen, dass nur noch selten die echte ‹Geschichtenstimmung› zwischen euch aufkommt. Es wäre also zweierlei wichtig: erstens wirklich zweck- und absichtsfreie, stimmungsvolle Geschichtenstunden einzuführen (es können auch Plauderstunden sein, in denen Sie zum Beispiel von früher erzählen, Fotos zeigen oder Ähnliches); zweitens Miriams ‹Botschaft› aufzugreifen, dass sie sich öffnen will, aber nicht kann, sondern im Gegenteil verschließen muss vor der kühlen Sachlichkeit (oder verhaltenen Aggressivität) des Befehlstons. Die Widerspenstigkeit ist Zeichen einer übergroßen Sensibilität für die beschriebenen Antipathiegefühle, die man durch Ge- und Verbote unweigerlich hervorruft. Eigentlich verbirgt sich hinter Miriams ständiger Bockigkeit, so paradox es klingt, ein ausgeprägtes Harmoniebedürfnis. Dem müssten Sie Rechnung tragen, statt sich in den (sehr begreiflichen!) Irrtum zu verstricken, so ein widerspenstiges Kind müsse von stacheliger, streitsüchtiger Wesensart sein. Ich könnte schwören: Das Gegenteil ist der Fall.

M.: So ein Gefühl hatte ich eigentlich schon immer. Sie sagen mir da im Grunde nichts Neues. Nur habe ich diesem Gefühl in letzter Zeit nicht mehr viel Glauben geschenkt. Aber *wie* werde ich dem gerecht?

B.: Es gehört zu meinen Grundüberzeugungen, dass im Prinzip niemand besser mit einem Kind umzugehen versteht als die Eltern. Was ich Ihnen auch rate: Es ist auf jeden Fall schlechter als das, was sie selbst herausfinden vor dem Hintergrund wirklichen Verständnisses für Miriams Wesensart. Ich kann Ihnen als Außenstehender gut helfen, besser zu verstehen, weil ich nicht in die Alltagsquerelen verwickelt bin und dadurch mein Urteil in gewisser Hinsicht unbefangener ist. Aber das intuitive Vermögen, im richtigen Augenblick das Richtige zu tun, kann ich Ihnen nicht ersetzen. Das ist ein spezifisch beziehungsgebundenes Vermögen. Es wächst, wenn Sie die richtigen *Gedanken* pflegen und Vorurteile ablegen, die den Blick auf das Wesentliche versperren. Ich will fürs Erste (wir werden ja noch weitere Gespräche haben) Ihnen wie eine ‹Hausaufgabe› mitgeben: Versuchen Sie herauszufinden, wie Sie an Miriams Wunsch und Fähigkeit zu lauschen, an ihrem tiefen Bedürfnis nach der spezifischen Atmosphäre des Geschichtenerzählens, so anknüpfen können, dass sich die Dinge, die verlangt oder verboten werden müssen, auf annehmbare Art vermitteln lassen. Natürlich wird es weiterhin Streit geben, auch wenn Ihnen die Vermittlung allmählich besser gelingt. Auseinandersetzungen gehören nun mal dazu, Kinder *müssen* widerspenstig sein, das dürfen wir bei all unseren Überlegungen nicht vergessen. Aber ich bin sicher: Das Verhältnis zu Miriam lässt sich entspannen und erwärmen, wenn Sie die besondere Wesensart Ihrer Tochter, die ja im Grunde niemand besser kennt als Sie, genügend berücksichtigen, ihre tiefsten Wünsche respektieren, ihre Stärken würdigen. Also: Wie können Forderungen oder Verbote – von Wärme getragen – eher den Charakter von ‹Mitteilungen› erhalten beziehungsweise so an das Kind herangebracht werden, dass es sich in der betreffenden Situation nicht verschließt, sondern aufnahmebereit ist? Welche Situationen kommen da in Frage? Ein paar ‹Rahmenratschläge› und Denkanstöße habe ich ja im Gesprächsverlauf schon gegeben. Was Sie übrigens für sich selbst – möglichst kritisch – klären müssen, ist die Frage, ob Sie wirklich nur dann etwas fordern oder verbieten, wenn es *nötig* ist …[57]

3. Von der Selbstüberschätzung des Erziehers. Oder: Wie steht es mit der Bescheidenheit?

Die Qualität der pädagogischen Beziehung ist nur zu einem kleinen Teil abhängig von unserem äußeren Tun und Lassen. Diesbezüglich geht die Erziehungsdebatte von völlig wirklichkeitsfremden Voraussetzungen aus. Eltern, Lehrer und Erzieher wähnen sich mit gottähnlicher Machtfülle ausgestattet oder glauben jedenfalls, solche Machtfülle stehe ihnen eigentlich zu. Deshalb reagieren sie konsterniert, verwirrt und verletzt, wenn sich zeigt, wie gering letztlich ihre Einflussmöglichkeiten sind.

Man muss einmal pädagogische Schriften und Vorträge daraufhin wachsam studieren! Selbst wo betont milde und verständnisvoll argumentiert wird, bezeugt in der Regel jede Zeile, dass der Untertanenstatus der Kinder *als solcher* außer Frage steht. Es gibt nur eben sehr verschiedene Meinungen darüber, wie man mit Untertanen zu verfahren habe. Herrisch? Nachsichtig? Sind sie besser kontrollierbar durch offenen Zwang oder dadurch, dass man ihnen das Gefühl gibt, sie täten das, was von ihnen verlangt werden müsse, freiwillig? Selbst die Liebe wird als Machtinstrument empfohlen nach dem Motto ‹positive Verstärkung› (Zuwendung zwecks Gehorsamserschleichung). Man hat manchmal den Eindruck, es sei von einem besiegten Volk die Rede und nicht von denen, die das Wissen über die Menschheitszukunft in ihren Willensimpulsen tragen (was Werner Kuhfuß zu dem Satz veranlasste: «Das Heiligste und Unantastbare im Verhältnis von Erwachsenen zu Kindern ist der Wille des Kindes»). Bei derartiger Fehleinschätzung des pädagogischen Auftrags nimmt es nicht Wunder, dass alles misslingt. «Wie abgesetzte Könige» reagieren, so Kuhfuß, viele erfahrene Pädagogen angesichts des Autoritätsschwunds, den sie neuerdings hinnehmen müssen und sich nicht erklären können. «Andere ... kommen gar nicht erst auf den Thron. Das Volk, die Kinder, verweigern den Gehorsam.» Sie tun es deshalb, um uns begreiflich zu machen, was im Bewusstseinsseelenzeitalter begriffen werden muss: «Es gibt nur einen Erzieher, das ist ... der kindliche Mensch sich selbst gegenüber. Pädagogik ist die Kunst, dem kindlichen Menschen die Gelegenheit zu verschaffen, sich selbst zu erziehen.»[58]

Man kann ein Kind schlimmstenfalls misshandeln oder vernachlässigen; man kann es so überfrachten durch unentwegte Herumerzieherei, dass es resigniert, sich äußerlich fügt. Aber eines kann niemand: am tiefsten Inneren, Eigenen des Kindes herumlaborieren. Das *Wesentliche* ist unserer Einflussnahme entzogen. Allerdings wird das *Hervortreten* dieses Wesentlichen durch Missachtung erschwert. Darin liegt die Schwächung, die wir Kindern zufügen, wenn wir sie nach unseren Vorstellungen formen wollen. «Jeder Zug oder Sog in die richtige Richtung kräftigt und bestätigt. Jeder Druck, auch in bester Absicht, schwächt. Leider können wir die meiste Pädagogik als Druck erkennen» (Kuhfuß). Was hier als ‹Zug› oder ‹Sog› bezeichnet wird, habe ich verschiedentlich als *evokative* (= herausrufende) Erziehungshaltung – im Unterschied zur ‹hineinrufenden›, bedrängenden, suggestiven – charakterisiert. Wir sind nicht im Entferntesten die Götter, die ein Kind ‹zum ordentlichen (oder vollwertigen) Menschen machen› sollten oder könnten. Stattdessen dürfen wir an ganz anderen, staunenswerten Ereignissen teilhaben, die uns, wenn wir sie als große Bilder in uns lebendig werden lassen, rasch von allen Herrscherallüren befreien.

Das Kind richtet, bevor wir es in Empfang nehmen als «Gast, der den Weg sucht» (Jirina Prekop / Christel Schweizer), jenseits unseres Einflussbereiches – im *Unschuldsraum* – seine Hoffnungsgestalt auf, umringt von höheren Wesen, deren Wollen, Fühlen und Denken *ist,* was der Mensch zuinnerst *sucht*: Güte, Gerechtigkeit, Wahrheit. Ihnen nachahmend hingegeben, wird die ungeborene Seele des menschheitlichen Zukunftsbildes teilhaftig, dem sie ihre individuelle Geste einfügen will. Heute findet dieser präkonzeptionelle Aufrichte- und Nachahmungsvorgang in nie dagewesener ‹atmosphärischer› Nähe des *Christus* statt.⁵⁹ Das Kind wird vom *Menschheitskind* selbst inspiriert. In jeder Geburt klingt das Bethlehem-Ereignis an. Einvernehmlich mit jenen höheren Wesen, von denen ihm eines – sein Engel – als ‹gewissenhafter Begleiter› zugeordnet ist, und unter dem Eindruck des Durchgangs durch die Sphäre reiner Menschenliebe beschließt das Kind, sich uns anzuvertrauen. Von ‹innen› betrachtet, ist die Geburt dieser Akt des Sich-Anvertrauens, der im Weiteren alle Menschen berührt, die vom Kind auserwählt sind,⁶⁰ eine schützende, begleitende, tröstende, heilende Rolle in seinem Leben zu spielen (diese vier Begriffe werden uns in Teil 2, Kapitel 4, beschäftigen).

Die Welt der Engel stülpt sich in unsere Welt herein; die Nähe des Christus ist erfahrbar; das Zeitgefüge ‹kippt› (Zukunft wird zum Ausgangspunkt der Ereignisse); wir sind ausersehen, «Götterwerk» entgegenzunehmen und fortzusetzen. Als Rudolf Steiner dies in der Einleitung seiner *Allgemeinen Menschenkunde* feststellte, war es gewiss nicht seine Absicht, jener pädagogischen Anmaßung Vorschub zu leisten, der sich ein Kind gegenübersieht als «Teig, dessen Zutaten aus seinen Erbanlagen gerührt werden, den die Hand des Erziehers zur gewünschten Figur knetet und der im Backrohr der Zeit fertig brät» (Elisabeth Lukas). Wem verdanken wir denn das Privileg und gegebenenfalls die Fähigkeit, geradezu *Götterwerk* fortzusetzen? Dem Kind! Die Kindheitsidee hat kein Fundament, wenn sich die Erkenntnis nicht durchsetzt: Es gibt keine erzieherische Einflussmöglichkeit außer derjenigen, zu der uns ein Kind ermächtigt. Das *Kind* ist der Götterbote. Nicht der Erzieher. Diesem wird von seiner verloren gegangenen Himmelsnähe ein Stück zurückgeschenkt, indem er teilhaben darf an der Götterbot(en)schaft des Kindes und die Chance erhält, sich dieses Geschenkes im Nachhinein als würdig zu erweisen. Dasselbe gilt – bei wesensgemäßer Betrachtung – für den sozialen Organismus als Ganzen: Es gibt keine *sinnvollen* sozialen Gestaltungen außer denjenigen, zu denen uns die *Kindheit* ermächtigt. Man wird Wege finden müssen, dies umzusetzen.⁶¹

Erziehungskünstlerische Anregung

Beginnen Sie jeden Tag neu, indem Sie sich in die Vorstellung vertiefen: Wenn das Kind einschläft, kehrt es zurück in den Bereich, aus dem es mit einer großen Gebärde des Schenkens, der Hingabe und des Vertrauens zu uns gekommen ist, und jeden Morgen, wenn es erwacht, wiederholt sich dieser Akt. Ich muss am Abend eines jeden zu Ende gehenden Tages die Vergangenheit gewissermaßen entmachten, allen angehäuften Groll, aber auch alles, was sich an Gewohnheit und Routine in die Beziehung zum Kind eingeschlichen hat, regelrecht hinwegschmelzen sehen unter dem Eindruck des unerhörten Wärmeereignisses, welches darin besteht, *dass sich mir das Kind Tag für Tag wieder schenkt.* Ist die Strapazierfähigkeit dieses Vertrauens nicht frappierend, wenn ich bedenke, wie oft es mir an Geduld und Verständnis mangelt? Um wirklich jeden Tag neu zu beginnen, muss man zunächst ein neues Verhältnis zum Schlaf, dem ‹kleinen Bruder des Todes›, finden. Wenn das Kind in den Schlaf geht, ‹stirbt› wirklich die gewordene Welt. Man kann als Elternteil (oder Lehrer) diesen Prozess gleichsam bewahrheiten, die ihm innewohnende beziehungsheilende Kraft wirksam werden lassen, indem man ihn sehr bewusst mitvollzieht, namentlich im Hinblick auf die Kinder, mit denen man Schwierigkeiten hat. Hierbei ist es wichtig, wesensgemäße Begriffe zu finden, die den inneren Aspekt des Geschehens ins Bild fassen. Das Kind hält sich in der Nacht im *Unschuldsraum* auf, in der *reinen Hoffnungssphäre,* wo nicht maßgeblich ist, was *war,* sondern allein, was wir aus Liebekraft *wünschen.* Wenn ich täglich übe, mit dem Gewesenen abzuschließen und mich innerlich ganz auf das Zukünftige zu richten, indem ich, ganz konkret, das Kind für den nächsten Tag und für die nächste Zeit meiner Liebe versichere (davon ausgehend, dass es im Schlaf ‹hört›, was ich denke und fühle), versetze ich mich in die Lage, es am nächsten Morgen so zu empfangen, dass ich sozusagen ein Resonanzkörper bin für dasjenige, was es aus der Nacht mitbringt. Das Jeden-Tag-neu-Beginnen ist unter diesen Voraussetzungen eine eminent vertrauensbildende ‹Technik›. Regelmäßiges, bewusstes Bemühen in der Stille, am besten damit verbunden, dass man sich für den nächsten Tag etwas Bestimmtes mit dem Kind vornimmt, was als Beziehungsangebot aus dem Alltäglichen herausragt – es braucht nichts Aufwändiges zu sein, vielleicht ein kleines Geschenk (vgl. Teil 2, Kap. 1), eine unerwartete Aufmerksamkeit –, führt zum Erfolg, wobei auch hier gilt: Unter ‹Erfolg› ist nicht zu verstehen, das Kind den eigenen Absichten und Erwartungen gewogener zu machen, sondern die *Vertiefung der Beziehung*. Sonst nichts.

Nicht nur Kindes – auch Jugendliche!

4. «Verstehende Bewahrheitung»: schützen, begleiten, trösten, heilen (die Achse)

Wie aber soll man denn dem vom Kind selbst erteilten Auftrag nachkommen, wenn äußeres Tun und Lassen so nebensächlich ist? Dazu muss zunächst geklärt werden, wie der Auftrag lautet. Er lautet: *verstehen*. Aktives (‹skulpturales›) Verstehen heißt Bereitsein für das nächstliegende Initiationsereignis. «Vom Duwerden berührt und aufgeschmolzen» (Martin Buber), erfährt meine Aufmerksamkeit eine Steigerung, durch die das Zukünftige (nach Gestalt Drängende) des Kindes gleichsam gegenräumlich vorgebildet wird. Wir sind zuständig für die adventliche Vorbereitung des kommenden Tages – und hierzu gehören dann, marginal, auch die äußeren Dinge –, dafür, dass das Offene (die Zukunft) von vorausfühlender Erwartungsstimmung erfüllt ist. Ich meine keine *bestimmten*, festlegenden Erwartungen oder Absichten, sondern das innere Sich-Bereithalten für (und Gefasstsein auf) die angekündigten Ereignisse. Angekündigt? Ich wiederhole es: Wir sind initiiert! Das Kind kommt aus der Fülle des Künftigen in die Kargheit der von Vergangenheitskräften beherrschten Welt (allein diesem Zusammentreffen verdanken wir Gegenwartserfahrung[62]) und vertraut uns sein Geheimnis an. Dieses ist uns aber nicht als ‹Wissen› im Sinne von *Vorstellungen* gegeben, sondern als ein *Vermögen*, welches zur Erscheinung kommt eben in jener Stimmung gesteigerter Aufmerksamkeit: das Vermögen, gefühlssicher die richtige (würdigende) Haltung, Gestik, Stimmlage, Sprache und so weiter zu finden. In diese produktive Erwartungsstimmung kann sich das Kind hineingestalten. Es erkennt sich darin wieder. Die Verbindung mit dem Engel wird durch unser erziehungskünstlerisches Situationsgespür hergestellt (‹Geistesgegenwart›). ‹Würdigende Atmosphäre› ist das Gestaltungsthema, der *werter-*

kennende (nicht *bewertende!)* Blick – die ihm entsprechende Seelenstimmung – das Vermögen. Wer das erziehungskünstlerische Ereignisfeld entdeckt und sich bewusst dort zu bewegen beginnt, wird bemerken, dass aus dieser Grundhaltung heraus die äußeren Dinge mit bescheidensten Mitteln und ganz ohne übertriebene pädagogische Geschäftigkeit so eingerichtet werden können, dass sich ein Kind *erkannt* fühlt. Selbst unter den idealsten äußeren Bedingungen und bei noch so großer sozialhygienischer Prinzipientreue ist diese entscheidende Qualität nicht automatisch gewährleistet, wie sie andererseits auch bei ungünstigen äußeren Voraussetzungen erreicht werden kann.

Also noch einmal: Was heißt Erziehung, wenn der Machbarkeitsdünkel entfällt und der initiatische Charakter der pädagogischen Beziehung ernst genommen wird? Ich wiederhole vier zentrale Begriffe, die schon erwähnt wurden: schützen, begleiten, trösten, heilen. Dies sind erziehungskünstlerische Grund-‹techniken› (im Sinne der von Rudolf Steiner so genannten ‹moralischen Technik›), die im schaffenden Begreifen zusammenwirken und jeder pädagogischen Manipulationsabsicht die Grundlage entziehen. Verweilen wir einen Augenblick bei den einzelnen Punkten!

‹Schützen›

Abgesehen vom selbstverständlichen Schutz vor äußeren Gefahren geht es darum, *das Geheimnis* zu schützen. Das Geheimnis ist mir, dem erwählten Beschützer, anvertraut. Trotz seiner prinzipiellen Unzerstörbarkeit bedarf es meines Schutzes deshalb, weil es sich nicht ausfalten könnte, wenn es dem Ansturm der Welt schutzlos ausgeliefert wäre. Es würde sich dann verschließen. Das Geheimnis ist jenes «erst Hervorzubringende, (das) die Fähigkeit, durch die es hervorgebracht wird, selbst erzeugt» (Teil 1, Kap. 5). In dieser Sphäre der Zeitumstülpung beziehungsweise Fluktuation von

Ursache und Wirkung verkehrt sich der Begriff des ‹Handelns› in sein Gegenteil. Was für gewöhnlich als ‹Aktivität› gilt (zielgerichtete Bewegung auf etwas oder jemanden zu, beabsichtigend, intervenierend), bewirkt im Geheimnisbezirk *nichts,* sondern schlägt in sich selbst zurück und schafft Entfernung: Ich nehme immer nur gleichsam die Spiegelbilder meines Beabsichtigens wahr, wodurch *Beziehung* unterbrochen wird. Was hingegen in der Gegenstandswelt dem Handeln polar gegenübersteht (das Wahrnehmen), ist im Geheimnisbezirk die eigentliche schöpferische und Beziehung schaffende Aktivität. Nicht um diesen oder jenen Wahrnehmungsinhalt geht es, sondern um die Wahrnehmungskraft selbst: Aufmerksamkeit. Durch sie (oder besser gesagt: in sie hinein) kann sich das Geheimnis ausfalten. Das Vermögen, in diesem Sinne aufmerksam zu sein, kommt mir vom Geheimnis selbst zu. Das ‹Werk› bedarf zu seiner Selbsthervorbringung meines (mit)schaffenden Begreifens, und ich werde dergestalt einbezogen, dass in meiner Empfangsstimmung schon das Ankünftige lebt. Dieses vorfühlende, ‹Zukunft ertastende› Lauschen ist im Geheimnisbezirk das eigentliche Beschützen. Ich schirme auf diese Weise das Geheimnis ab. Das Kind braucht zu seiner Selbst-Ermöglichung mein lauschendes Für-möglich-Halten, mein initiiertes Vorahnen. Es ist durchaus kein Hexenwerk, diese Hellfühligkeit zu erreichen. Sie verlangt ‹lediglich› tiefe Zuneigung, «Andacht zum Kleinen» (Rudolf Steiner, GA 317) und – Stille. Man muss innerlich zur Ruhe kommen und schweigen lernen. Verfehlt ist der Lärm, die Geschwätzigkeit. Was ist das, Lärm und Geschwätzigkeit im Geheimnisbezirk? Bewerten, urteilen, Schlüsse ziehen, Absichten verfolgen. Man braucht gar nicht den Mund aufzumachen, um ständig ‹auf ein Kind einzureden›. Die Gesinnung ist maßgeblich: Übe ich Zurückhaltung im *Urteilen?* Bin ich fähig zum *Staunen?*

‹Begleiten›

Abgesehen von der selbstverständlichen helfenden Begleitung durch die Fremdheit des äußeren Lebens geht es darum, der Ausfaltung des Geheimnisses *Zeit zu lassen*. Inneres Begleiten verlangt wiederum den Verzicht auf absichtliches Eingreifen. Es gilt, abwartend zur Seite zu stehen, geduldig da zu sein. Im Vergleich zur Schutzgebärde der vorahnenden Aufmerksamkeit, die für sich genommen etwas Augenblickhaftes ist, herausgehobenen Stunden vorbehalten und stets von äußeren Ablenkungen bedroht, kommt hier eine *Beständigkeit* sichernde Qualität hinzu: die *Treue,* das durchhaltende Vertrauen. Auch hier ist scheinbares Nichtstun die eigentliche schöpferische Aktivität. Ich bezähme gewissermaßen mein adventliches Eingestimmtsein auf ein unmittelbar bevorstehendes ‹Wunder› und wende mich anteilnehmend dem *Werden* zu. Der Prozess als solcher weckt mein Interesse. Erwartung reift zum Wartenkönnen. Der Feind heißt Ungeduld. Wer sich die ‹Geschwätzigkeit› (den Drang zum ständigen Urteilen und Bewerten) abgewöhnt hat, steht vor der Aufgabe, sich in Geduld zu üben. Im Geheimnisbezirk heißt Begleiten Wartenkönnen – aber nicht gelangweilt, sondern teilnahmsvoll. Man muss darauf aufmerksam werden, dass das ‹initiierte Vorahnen›, wenn es gelingt, eine Gefahr birgt: Man ist dem Geheimnis empfindungsmäßig so nahe, dass man – unbefugt – den Schleier herunterreißen möchte, um sich ‹ein klares Bild zu machen›.

Deshalb haben gerade diejenigen Mütter oder Väter, bei denen sich tiefes Verständnis mit Zukunftsangst verbindet, oftmals die Neigung, ihre Kinder ‹in bester Absicht› zu manipulieren. Aber man *kann* den Schleier nicht herunterreißen. Was man für Entschleierung hält, ist dann eine Pseudo-Imagination beziehungsweise eine Projektion: Wunschvorstellungen und Vermutungen werden mit Elementen ‹echten› Ahnens zu einem Bild montiert, und aufgrund des adventlichen Vorgefühls kommt es zur Verwechslung dieser Montage mit einer inneren Schauung.

Das getreue, prozessgerichtete, geduldig wartende Interesse bietet Schutz vor solchen Irrtümern: Dem Entwicklungs*prozess* soll mein Augenmerk gelten, nicht dem Entwicklungs*ergebnis*.

‹Trösten›

Abgesehen von der selbstverständlichen tröstenden Zuwendung bei alltäglichen Kümmernissen, Krankheit, Verletzung und so weiter geht es darum, Rückschlägen und Beirrungen im Prozess der Geheimnisausfaltung so zu begegnen, dass wir sie abschwächen, ihre Wirkung begrenzen. Der größte Kummer, die tiefsten Ängste eines Kindes werden ausgelöst durch Verdunkelungen der Hoffnungsgestalt, nämlich – erstens – durch alles, was es als Missachtung oder Zurückweisung seines *reinen Wollens* erlebt, mithin als Irreführung durch Erwartungen, Ansprüche, Restriktionen und Übergriffe aus *beziehungsfernen Beweggründen* (auch Vorurteile sind Übergriffe), desgleichen – zweitens – durch eine Begegnung mit negativen Einstellungen und Handlungsweisen wie Feindseligkeiten, Intrigantentum, Mitleidlosigkeit, Ungerechtigkeit und Lüge. Man erlebt beim Kind die Kränkung durch beziehungsferne Motive zum Beispiel daran, dass es Versagensängste entwickelt; man erkennt die Bestürzung über das ‹Böse› an einer merkwürdigen, scheinbar grundlosen Beschämtheit. Versagensangst und Scham können sich, je nach Wesensart, in sehr unterschiedliche Formen ‹absonderlichen Verhaltens› kleiden. Der Grundzug ist immer eine tiefe Bekümmerung. Gegenüber diesen bis zu einem gewissen Grad unvermeidlichen hoffnungsverdunkelnden Erfahrungen können wir kraft der vom Kind selbst uns erteilten Vollmacht wirksam Trost spenden, indem wir es aus der Bekümmerung *herausrufen*. Gemeint ist der Zuruf ‹Du›. Allerdings gilt auch hier: Der Wirksamkeits- beziehungsweise Handlungsbegriff erscheint in einem neuen Licht. Wir halten für gewöhnlich die *Antwort* für wirksam, nicht die Frage. Fragen heißt: mehr oder weniger präzise das Handlungsfeld beschreiben. Antwortgeben heißt: Tatsachen schaffen. Hier verhält es sich umgekehrt. Belehrungen oder Erklärungen (also Antworten) trösten nicht. Sie haben im Geheimnisbezirk Zurückweisungscharakter. Dagegen liegt in der Kunst (!) des initiierten Fragens ein tröstlicher *Vertrauensbeweis*. Der Zuruf ‹Du› ist die im Vertrauen gestellte Schlüsselfrage und in einem höheren Sinne Antwort. Der Fragende ‹kennt› das Geheimnis besser als der Geheimnisträger, der ihn eingeweiht und zum Hüter (des Geheimnisses) erwählt hat. Dabei handelt es sich nicht um vorstellungshaftes, sondern um intuitives ‹Kennen›, um die beschriebene vorahnende Empfangsstimmung (vgl. Teil 1, Kap. 5), die zur Frage-Geste wird. Ich muss innig fragend, wunscherfüllt vor das Kind hintreten, sodass meine Haltung ihm signalisiert: Du beschenkst mich, wenn Du Dich auf Dich besinnst. Als ganzer Mensch muss ich, «vom Duwerden berührt und aufgeschmolzen», die Frage *sein*: ‹Wer bist Du?› Das tröstet! Wenn ich diese Haltung finde, legt mir der Engel des Kindes die richtigen (aussprechbaren) Fragen in den Mund und die eine, wesentliche, die des Ausgesprochenwerdens nicht bedarf, in den Blick, die Fingerspitzen, den Körperausdruck, den Klang der Stimme: Die Frage, die nicht dies oder jenes erkunden will, sondern an das Du-Selbst gerichtet ist und es umschließt, ist Bestätigung im Wesenskern. Dieser erziehungskünstlerischen Qualität steht als Erzfeind das *Belehren* entgegen, wie dem schützenden Lauschen das Beurteilen und dem wartenden Begleiten die Ungeduld. Ich kann ein Kind zwar über die vergangene Zeit und gewordene Welt belehren, aber nicht über Zukünftiges. In Hinsicht auf das Zukünftige bin ich der Lernende, verschwenderisch Beschenkte, und ich schenke aus der Fülle des Empfangenen zurück, wenn das Kind trostbedürftig, das heißt erinnerungsbedürftig, vor mir steht. Der erste Grundsatz lautet: Beziehungsferne Motive (pädagogische Absichten, die nicht dem Kind selbst abgelauscht sind) wirken ängstigend und bekümmernd bis zur Resignation, und die Erfahrung der Lieblosigkeit, sei es ‹am eigenen Leib› oder unter den Mitmenschen, wirkt beschämend bis zur Einschüchterung beziehungsweise bis zu dem den Beschämungsschmerz abwehrenden Rückzugsverhalten (Resignation und Scham können auch mit dem ‹Killjoy-Effekt› auftreten, dann hat man den kleinen notorischen Störenfried, der eigentlich nur ungetröstet ist und nun durch hektische beziehungsferne Prozeduren diszipliniert werden soll). Der zweite Grundsatz lautet: Man sollte einem Kind beides möglichst ersparen, aber man kann es keinem Kind *ganz* ersparen. Der dritte Grundsatz lautet: Die Schlüsselfrage an das Du-Selbst, im Sinne einer Seelenübung gepflegt und in den Geheimnisbezirk gerichtet als erinnernder Zuruf, entbirgt die Kraft des Trostes und hilft hundertmal mehr als jedwede äußere ‹Maßnahme›.

‹Heilen›

Schützende Aufmerksamkeit (Lauschen), begleitendes Interesse (Warten) und tröstendes Vertrauen (Fragen) sind die Qualitäten, die im erziehungskünstlerischen Vermögen der verstehenden Bewahrheitung zusammenwirken. Sie sind eigentlich nicht zu trennen, aber man kann sie doch getrennt betrachten, wie man ja auch einen Baum von verschiedenen Seiten betrachten kann, der jedes Mal ein anderes Bild zeigt, und doch weiß man: Es ist ein und derselbe Baum. Wir müssen lernen, die geistig-seelischen Zusammenhänge genauso differenziert von verschiedenen Seiten anzuschauen, als würden wir um einen Baum herumgehen. Damit beginnt konkrete Spiritualität. Der ‹Baum›, den wir im vorliegenden Fall umkreisen, ist der Begriff ‹verstehende Bewahrheitung› (oder: ‹schaffendes Begreifen›). Er charakterisiert eine innere Haltung, die in alles Tun und Lassen einfließen muss, wenn der Qualitätssprung von der Erziehung zur Erziehungs*kunst* gelingen soll. Man kann diesen Qualitätssprung auch als das Vordringen von der reglementierenden zur heilenden Erziehung bezeichnen, wenn man dabei bedenkt, dass reglementierend alles *äußere* Einflussnehmen ist, heilend hingegen die *innere* Beziehungsgestaltung auf der Grundlage der Kindheitsidee. Die bisher genannten Aspekte der heilenden Grundeinstellung bedürfen jedoch noch einer Ergänzung. Es fehlt das alles Verbindende, das ‹Herzstück›. Aufmerksamkeit, Interesse und Vertrauen entfalten erst dann und nur dadurch ihre heilende (man darf vielleicht sogar sagen: segnende) Kraft, dass im Geheimnisbezirk *das Kind dem Kind begegnet*. Wir kommen damit in gewisser Hinsicht zum Kern der Kindheitsidee. Die eigentliche Schicksalshilfe beziehungsweise heilende Begleitung des Inkarnationsgeschehens selbst findet dort statt, wo sich das ‹innere Kind› des erwählten Begleiters dem leibhaftigen Kind offenbart. Die Initiation beruht auf Gegenseitigkeit, sie ist ein Akt der Verständigung an der Schwelle. Indem ich *meinem* Geheimnis (wieder) nachspüre und das Kind ins Vertrauen ziehe, besiegele ich den Pakt. Auch hier ist von einer *inneren* Aktivität die Rede. Wer sich an seine Hinentworfenheit auf den MENSCHEN erinnert, Anschluss sucht an die schöpferische Quelle, zurück- beziehungsweise vorausfindet zur Gestalt der Hoffnung, zum ‹inneren Kind›, das groß, hell und unversehrt dort steht, wo Anfang und Ende in eins fallen; wer also dem entrinnt, was wir ‹dreifachen Kreativitätsverlust›[63] nannten, kann ein Kind wirklich schützen, begleiten, trösten, alles in allem: heilend erziehen.

Aus meinen bisherigen Ausführungen müsste deutlich hervorgehen, dass ich in diesem Zusammenhang unter ‹heilen› nicht ‹Beseitigen eines krankhaften Zustandes› verstehe, sondern ‹Hinführung zum Wesentlichen›, das heißt auch «Rettung» (Rudolf Steiner) vor den Kränkungen der Zeit. Ich spreche von der in Teil 1, Kapitel 6 beschriebenen ‹heilpädagogischen Haltung›. Die Orte der pädagogischen Beziehung müssen durchweht sein von künstlerischem Geist: Zukunftslaboratorien, Pflegestätten der Menschheitshoffnung. Trost ist die in der Hoffnungsverdunkelung an das Kind gerichtete Schlüsselfrage, in der es sich wiedererkennt. Fördernde Begleitung ist das interessevolle, geduldig abwartende Mitgehen. Schutz bietet die lauschende Aufmerksamkeit. ‹Heilung› schließt dies alles ein und ist doch mehr. Heilen heißt Hoffnung geben, Hoffnung geben heißt Hoffnung haben, und ob jemand Hoffnung hat, ist eine Frage des Denkens. Hoffnungsvolles Denken des Menschen über den Menschen ist *liebevolles,* das heißt von der Kindheitswesenheit inspiriertes Denken. Der Kreis schließt sich: Kindgemäße Gestaltungen sind nur aus einem Denken heraus möglich, das von Kindheitswärmekraft durchdrungen ist. Wenn die Nähe des Christus (des Menschheitskindes) in der unmittelbar angrenzenden Geistsphäre, dem Bereich der Engel, wahrgenommen, das von ihm Ausgehende erfasst und in erziehungskünstlerische Begriffe umgeschmolzen wird – auf dieser Qualitätsstufe ist die Begriffsbildung das unmittelbar in der Beziehungsgestaltung Ausströmende –, kann für die ‹schwierigen› Kinder, von ihnen aus für alle Kinder und von dort aus für das ganze soziale Leben eine wärmere Zeit anbrechen. Die Utopie eines neuen, von Dogmen, Machtansprüchen und Heuchelei befreiten Christentums ist zunächst eine pädagogische Utopie. Sie ‹unrealistisch› zu nennen mag denen vorbehalten bleiben, die bequemlichkeitshalber auf ausgetretenen Pfaden weitertrotten wollen.

Hoffnung beginnt im Denken

5. Das Kind im Weltzusammenhang

Jeder Pädagoge hat schon einmal gehört, dass Erziehung im Wesentlichen *Bez*iehung ist, genauer gesagt: Das Kind ist eingewoben in ein komplexes ‹Beziehungsgeflecht›. Es ist in dieses Geflecht eingewoben als denkendes Wesen, Gefühlswesen und Willenswesen. Auf allen drei Ebenen nimmt es konkret teil an dem, was im näheren und weiteren Umkreis geschieht. Ich sage nicht, es sei den Ereignissen ‹wehrlos ausgeliefert› (das ist ein frommes Märchen), sondern es nehme an ihnen teil! Diese Tatsache muss nur ernst genug genommen werden. Man sollte sich abgewöhnen, auf das ‹schwierige› Kind immerfort hinzustarren in der Absicht, einen bequem einleuchtenden, monokausalen Begründungszusammenhang (verstörende Erlebnisse in der Vergangenheit, Erziehungsfehler, hirnorganische Störungen, sonstige Dysfunktionen und so weiter) für dessen Versagen, Unruhe, Angst oder Traurigkeit zu finden. Erübt werden muss – was nicht leicht ist – der Blick auf den Gesamtzusammenhang, besser gesagt: auf den Weltzusammenhang, wie ihn das betreffende Kind erlebt. Dies setzt voraus, dass man sich ‹einfühlt›. Der Weltzusammenhang ist sozusagen die höchstpersönliche vorbegriffliche ‹Weltinterpretation›, die gefühlsmäßige Gewichtung und Bewertung der Dinge, Ereignisse, Gepflogenheiten. Was mir winzig klein erscheint, kann dem Kind riesengroß vorkommen und umgekehrt. Manche Kinder reagieren mit einer merkwürdigen Hyperempfindsamkeit, geradezu ‹allergisch›, auf bestimmte Eindrücke oder Situationen, die für unser gewöhnliches Dafürhalten völlig unwesentlich sind. Man kann hierbei an karmische Einflüsse denken, die das Welterleben individualisieren, also dazu führen, dass gewisse Dinge nicht ihre ‹normalitäts›-entsprechende Bedeutung haben, sondern *eigentümlich* über- oder unterbetont sind.[64] Im Laufe der Jugendjahre verwandelt sich diese stark individuelle Prägung des *Wahrnehmens* in individualisierte *Motivbildung* und *Ausdruckskraft*, während auf der Wahrnehmungsseite ein weitgehendes, aber nie vollständiges Arrangement mit dem ‹Üblichen› – dem Konsens – getroffen wird. Dies ändert sich später wieder im Fortgang des individuellen Erkenntnisstrebens (falls solches stattfindet). Es gibt Kinder, die ‹Aufbruchsstimmungen› oder ‹Abschiede› auch geringfügigster Art nicht ertragen. Andere sind in Dämmerungszeiten tief verunsichert oder in Situationen, die indirekten ‹Dämmerungscharakter› haben: ‹Moll-Stimmungen›, das allmähliche Zur-Ruhe-Kommen eines dynamischen Geschehens, das ‹Ausklingen› oder – umgekehrt – ‹Einschwingen› in etwas Neues mit der Ungewissheit des ‹Dazwischen›. Wieder andere können schwer mit dem ‹Vielleicht› umgehen, mit dem Offenlassen, Wartenmüssen. Ich kannte einen kleinen Jungen, der den Wind als Bedrohung empfand, weil er ihn spürte, aber nicht sah; und alles, was im Weltzusammenhang auch indirekt ‹Wind›-Qualität hatte (das ungreifbare Sich-Bewegende, Leichte, Sanguinische, Wirbelnde, Sprunghafte), brachte ihn aus dem Konzept. Gelegentlich begegnen mir als ‹gemütsarm› verschriene Kinder, die in stimmungsvollen Situationen dauernd stören, statt, wie man es von ihnen erwartet, tief angerührt und staunend hingegeben zu sein, und es zeigt sich nach kurzem, vorurteilslosem Kennenlernen: Diese Kinder sind keineswegs ‹gemütsarm›, sondern ganz im Gegenteil dermaßen empfänglich für gemüthafte Stimmungen, dass sich die Erwachsenen mit ihren seelischen Hornhäuten einfach keinen Begriff davon machen können. Für diese Kinder sind also Eindrücke, die das Gefühl ansprechen, schon dann unerträglich stark, wenn sie vom Rest der Welt als eher beiläufig empfunden werden.

Auf solche Phänomene muss man achten. Des Weiteren kann sich, wer nicht in Äußerlichkeiten verhaftet bleiben will, ein Auffassungsvermögen für die Ebene der leibfreien, das heißt nicht an die physisch-räumliche Begegnung gebundenen Kommunikation – Verständigung oder Missverständigung – aneignen. In

Bezug auf die außersinnliche Dimension des Beziehungsgeflechts ist die allgemeine Ignoranz kaum zu überbieten. Man glaube nur ja nicht, es sei wirkungslos, was der Erwachsene über ein Kind denkt, wie er zu ihm fühlt *zwischen* den Begegnungen von Angesicht zu Angesicht; mit welcher Stimmung dem Kind gegenüber er einschläft in Erwartung des Wiedersehens am nächsten Tag! Man unterschätze nicht, wie verdunkelnd (oder lichtend) sich in das Verständigungsbemühen einschleichen kann, was ein gar nicht physisch anwesender Dritter in Gedanken und Empfindungen ‹tut›. Manchmal kann es Wunder wirken, wenn jemand ins Vertrauen gezogen wird, der das Kind mit echtem Verständnis und warmherzigem Interesse viel mehr *innerlich* als äußerlich begleitet. In anderen Fällen bedarf es des beherzten Entschlusses der Eltern, die Meinung eines negativ eingestellten Beobachters oder Mitwirkenden einfach nicht mehr gelten zu lassen, seinen ‹Rat› zu ignorieren und seine unheilverkündenden Prognosen in den Wind zu schlagen, vielleicht dafür zu sorgen, dass er aus dem Kreis der Mitsprechenden verschwindet.

Die Dinge und Menschen im näheren und weiteren Umkreis des Kindes sind miteinander verwoben zu einem lebendigen Ereigniszusammenhang, in den das Kind auf viel subtilere Art eingebunden ist, als man es sich gemeinhin vorstellt. Darauf muss *übend* die Aufmerksamkeit gelenkt werden. Wenn um ein sogenanntes schwieriges Kind herum ein Kreis von Menschen sich bildet, die es als ihre Aufgabe betrachten, in gemeinsamer Verstehensbemühung einen fördernden und *schützenden* ‹geistigen Raum› zu schaffen, so geht von diesem Menschenkreis eine unmittelbar heilende Wirkung aus. Denn auf diese Weise wird aus dem komplexen Ereigniszusammenhang ein «innerer Bezirk» der Ruhe und Wesentlichkeit ausgegliedert, in dem das Kind (auf der sogenannten mentalen Ebene) Zuflucht findet, wenn es sich verwirrt und einsam fühlt. Natürlich kann dadurch die unmittelbare physische Nähe nicht ersetzt, aber sehr wohl ergänzt werden. Und es handelt sich dabei um eine höchst bedeutsame Ergänzung! – Um das Bild zu vervollständigen, muss schließlich auch das *Weltgeschehen* als Ganzes in Betracht gezogen werden: die gesellschaftlichen Verhältnisse, der Zustand von Erde und Menschheit. Man kann davon ausgehen, dass jedes Kind im Schlaf (!) einen Bewusstseinszustand der universellen Einbezogenheit erreicht und an der Dramatik des *Menschheitsschicksals* teilnimmt. Es nimmt daran so teil, dass es ganz aus seinem überzeitlichen Hoffnungswesen heraus auf die Weltereignisse hinblickt und die dort wirkenden hoffnungszerstörenden Kräfte, von denen es auch selbst – in seinem Inneren – bedroht ist, als solche erkennt. Auch hier wieder hängt viel von unserer Einstellung ab: Ist meine Bezogenheit auf den *Menschen* für mich zur erzieherischen Inspirationsquelle geworden (vgl. Teil 2, Kap. 4, «Verstehende Bewahrheitung»)? Erlebt das Kind, wenn es erwacht und ins Alltagsleben eintaucht, dass Menschen da sind, in denen die Menschheitshoffnung lebt – dass wir diesbezüglich seine *Gefährten* sind?

Gesprächsauszug.
Robert L., 5 Jahre alt, in der Sprechstunde vorgestellt
wegen seines unmäßigen Trotzverhaltens[65]

(B. = Berater, E. = Eltern)

E.: Er glaubt, wir würden ihn aus purer Böswilligkeit dauernd unter Druck setzen. Dabei üben wir nur Zwang aus, wenn es wirklich nötig ist.
B.: Wie kommen Sie darauf?
E.: Er sagt oft: «Immer, immer seid ihr so gemein!» Dabei hat er Zornestränen in den Augen.
B.: Daraus entnehmen Sie, dass er pure Böswilligkeit bei Ihnen vermutet?
E.: Er hält das für absichtliche Quälerei. Woher kommt nur dieses

Misstrauen? Wenn ich sage: «Kämm' dir die Haare», fängt er schon an, mich mit Vorwürfen zu überschütten.
B.: Was für Vorwürfe sind das?
E.: Na ja, er schreit: «Ich will aber nicht Haare kämmen! Du bist gemein! Immer störst du mich! Ich will spielen! Böser Papi!»
B.: Aber das darf man doch bei einem Fünfjährigen nicht wörtlich nehmen.
E.: Ich weiß nicht ...
B.: Ich frage mich, ob er Ihnen wirklich Böswilligkeit und absichtliche Quälerei unterstellt. Das kann ich mir nicht vorstellen.
E.: Aber warum sträubt er sich dann immer? Warum diese Vorwürfe?
B.: Das weiß ich noch nicht. Aber wenn Sie sich gekränkt fühlen, weil Sie glauben, Ihr Junge unterstelle Ihnen böse Absichten – nur weil er wüste Lausbubenschmähungen ausstößt, sobald ihm etwas nicht passt –, dann bringen Sie eine Verdächtigung ins Spiel, die sich aus dem widerspenstigen Verhalten gar nicht ohne Weiteres ableiten lässt. Eine pure Vermutung, und zudem eine ziemlich misstrauische, finden Sie nicht? Könnte es sein, dass das *Widerspenstigkeitsproblem* bei Robert liegt, das *Misstrauensproblem* hingegen bei Ihnen? Nehmen wir an, ein Kind mit großer Hautempfindlichkeit würde jedes Mal nach dem Baden beim Abtrocknen anfangen zu schreien: «Aua! Du tust mir weh! Böse Mami! Böser Papi!» Da wäre es doch falsch zu folgern: «Dieses Kind glaubt, man wolle ihm böswillig Schmerzen zufügen.» Das Abtrocknen tut einfach weh. Und deshalb schreit das Kind. Was weh tut, ist ‹böse›.
E.: Sie glauben, wir misstrauen unserem Kind?
B.: Nicht ganz. Ich frage mich vielmehr, ob Sie das ohnehin schwierige Verhältnis zu Robert zusätzlich damit belasten, dass Sie dazu neigen, manches als Angriff auf Ihre Person zu empfinden, was sich gar nicht gegen Sie richtet. Das ist eine häufig anzutreffende Quelle von Missverständnissen ... in Partnerschaften, Liebesbeziehungen, Arbeitszusammenhängen, Lehrer-

Schüler-Verhältnissen und eben auch zwischen Eltern und Kindern. Ich wage die Behauptung: Sie haben sich unglaubliche Mühe mit Robert gegeben und werten seine Widerspenstigkeit nun als Undankbarkeit. Sie fühlen sich von ihm ungerecht beurteilt und nicht genügend gewürdigt. Bitte fassen Sie das nicht als Kritik auf. Dass Sie gute Eltern sind, steht ja außer Frage. Aber wir dürfen als Erwachsene nicht den Anspruch haben, bei den Kindern Anerkennung für unsere Mühe zu finden. Der Anerkennung ist schon damit mehr als Genüge getan, dass uns ein Kind überhaupt geschenkt wird. Wir schulden dem Kind und dem Himmel dafür Dank. Sie müssen sich des Privilegs bewusst sein, dass Sie von Robert als Eltern gewählt worden sind. Es ist wichtig, sich in der pädagogischen Beziehung vor Anwandlungen des Gekränkt- und Beleidigtseins zu hüten, die immer damit zusammenhängen, dass man die eigene Rolle falsch einschätzt. Kinder sind nicht verpflichtet, unsere Ansichten darüber, was für sie gut wäre, in allen Punkten zu teilen. Und wenn man bedenkt, dass sie sich auf ein ganzes, langes Leben vorbereiten müssen, wird man einsehen, dass sie nur in begrenztem Umfang auf unsere Wünsche und Empfindlichkeiten Rücksicht nehmen können.

Es folgt ein Wortwechsel über das vom Berater zuletzt Gesagte. Die Eltern können nicht gleich nachvollziehen, inwiefern sie ‹privilegiert› sein sollen, aber der Gedanke interessiert sie.

E.: Vielleicht sind wir zu empfindlich, das kann sein. Aber Roberts Bockigkeit *ist* ganz offensichtlich gegen uns gerichtet. Was soll denn sonst dahinterstecken? Er hat einfach kein Gespür dafür, dass wir es gut mit ihm meinen.
B.: Das glauben *Sie*. Mit mir hat er sehr liebevoll über Sie gesprochen. Ich habe den Eindruck, er vertraut Ihnen blind. Seinen Vater bewundert er wie einen großen Helden. Kein anderer Mann reicht da heran. Und Sie, Frau L., sind seine Zuflucht. Die Trösterin und

Heilerin. Von Ihnen kommt alles Wohlige, Angenehme. Sie wissen immer, was zu tun ist, wenn er sich schwach und krank fühlt.

E.: Aber warum ...

B.: Es ist sehr wohl möglich, dass ein Kind die Liebe seiner Eltern spürt, ja wie ein Naturereignis voraussetzt, und *trotzdem* unter dem Eindruck steht, sich immerzu wehren zu müssen. Außerdem: Er bockt ja auch im Kindergarten. Und bei der Oma. Man muss alle Vermutungen, Enttäuschungen und Gekränktheiten einmal beiseite lassen und sich aufs genaue Beobachten verlegen. Wann bockt er? Wie bockt er? Wann tut er es *nicht*? Wie verhält er sich dann? Ich höre immer nur: Robert ist widerspenstig, schimpft, schreit. Aber das Kind besteht doch nicht nur aus Geschimpfe und Geschrei! Ich habe gestern erlebt, wie wunderbar fantasievoll er eine Landschaft aufbauen kann und was für entzückende, kunterbunte Geschichten ihm dazu einfallen. Außerdem imponiert mir, wie grundpositiv er über alle Menschen spricht. Da zeigt sich eine Menge Urvertrauen und Wohlwollen. Robert scheint die ‹Szenen› gar nicht so tragisch zu finden, die sich im Kindergarten und zu Hause abspielen. Er hält in seiner Naivität die Erwachsenen für viel zu groß und mächtig, als dass er sie ernstlich in Schwierigkeiten bringen könnte. Er ist eigentlich ein sonniger, unbekümmerter kleiner Kerl, dem wir nicht die Lebensfreude nehmen dürfen, indem wir ihn auf ‹Nervensäge› reduzieren.

E.: Das sehen wir eigentlich auch so ... aber dann immer diese Reibereien, die Klagen aus dem Kindergarten, die Kommentare der Verwandten und Bekannten ...

B.: Stellen Sie sich taub für alle ‹Kommentare›, durch die keine echte Zuneigung und Anerkennung für Robert durchklingt! Wenn Letzteres der Fall ist, kann man auch kritische Ratschläge annehmen. Aber nur dann. Vor allem hängt unendlich viel davon ab, dass *Sie* sich die – bedingungslose! – Wertschätzung für Ihren Jungen bewahren. Er hat ein Anrecht darauf, dass man jede *schöne* Seite seines Wesens mindestens dreimal so wichtig nimmt wie jede ‹schwierige› – wobei noch zu klären wäre, was unter ‹schwierig› zu verstehen ist. Manches Schöne kündigt sich so an, dass es zunächst recht absonderlich und zerzaust wirkt. Denken Sie immer daran, dass die meisten Babys kurz nach der Geburt wie verschrumpeltes Fallobst aussehen und nichts können außer schreien, zappeln und schlafen. Das ist ein Urbild. So verhält es sich auch mit menschlichen Fähigkeiten und Eigenschaften im Status nascendi. Man sagt ja mit Recht, dass im Allgemeinen nur die Eltern ein Neugeborenes schön finden. Der Blick der Liebe sieht eben mehr. Und tiefer. Er sieht eigentlich das Zukünftige. Mit *diesem* Blick gilt es auch auf das ‹schwierige Verhalten› eines Kindes hinzublicken. Egal was die anderen sagen.

E.: Ja, darauf käme es wohl an. Und Sie sind sicher, dass unsere Vermutung unbegründet ist, Robert sei uns gegenüber misstrauisch eingestellt?

B.: Da bin ich ganz sicher. Wir müssen uns in der nächsten Zeit auf einen Weg des Verstehens begeben. Robert hat ‹Gründe› für sein Verhalten, die im Augenblick unser Fassungsvermögen übersteigen. Das muss sich ändern. Solange wir seine verborgenen Motive nicht zu erspüren lernen, können wir gar nichts machen. Als Erstes aber muss die Legende aus der Welt, er habe ein negatives, feindseliges Verhältnis zu Ihnen. Das stimmt nicht! Mit dieser Unterstellung belasten Sie ihn und sich selbst.

E.: Worauf könnte dann der Dauertrotz beruhen?

B.: Ich habe ein sehr gespanntes Verhältnis zu Mutmaßungen, besonders zu psychologischen Diagnosen, die auf Mutmaßungen beruhen. Deshalb antworte ich, da ich Robert noch nicht gut kenne, indirekt und mit gebotener Vorsicht: Mich hat in meinem Leben weniges so sehr bekümmert wie bestimmte Situationen, in denen ich die gut gemeinten, wirklich vernünftigen Ratschläge von Menschen zurückweisen musste, die aufrichtig um mich besorgt waren. Eine innere Stimme sagte wider alle Logik gebieterisch ‹nein›. Kennen Sie das nicht? Man hat irgendwie das Gefühl, sich schützen zu müssen gegen das Beeinflusstwerden als solches. Manchmal zeigt sich Jahre später, wofür das gut war.

Man hat, da man die guten Ratschläge nicht befolgte, einige Blessuren davongetragen, aber das war der Preis, der zu entrichten war für eine von niemandem vorhergesehene Errungenschaft oder Begegnung, die ohne den ‹dornigen Weg› nicht möglich gewesen wäre. – Wir müssen nun Robert gerechtigkeitshalber zubilligen, dass dieses Beispiel auf ihn übertragbar sein könnte. Es ist erfahrungsgemäß auf viele kindliche Biografien übertragbar. ‹Schwierige Kinder›, zu denen ein paar Leute, allen voran die Eltern, wie eine verschworene Gemeinschaft gehalten haben (nicht etwa verhätschelnd und unkritisch, aber vertrauend, wertschätzend), schlagen später oftmals ganz erstaunliche Wege ein, und man sagt sich dann rückblickend: Au weia! Das hätte auch in der psychotherapeutischen oder sonderpädagogischen Mühle enden können! Dieser Mensch wäre um ein Haar allerlei Reparaturmaßnahmen unterzogen oder ins Abseits gestellt worden, weil sich die Fähigkeiten, die man jetzt sieht, eben wie typische ‹Fähigkeitenbabys› ankündigten: im Allgemeinen schlafend, ansonsten schreiend, zappelnd, verschrumpelt, unförmig ...[66]

Fürs Erste wissen wir nur und sollten es dabei belassen: Robert hat einfach eine tiefe Abneigung gegen das Beeinflusstwerden, sich Einfügenmüssen. Damit hat er zur Zeit ein größeres Problem als viele andere Kinder, und da braucht gar keine verborgene ‹Ursache› dahinterzustecken. Es ist nicht gesagt, dass es sich um ein *erworbenes* Problem handelt. Die Sache könnte auch mit Zukunftserwartungen zusammenhängen. Mit einem Vorgefühl auf Kommendes. Was jetzt zunächst einmal nötig ist, das würde ich nennen: die Haltung des schöpferischen Nichtwissens, Lauschens, Fragens. Und das Ablassen von allen Verdächtigungen. Wir werden dann schon weiterkommen ...

6. Die «Pathologie des gemeisterten Lebens» und die Kraft des Staunens

Kann widerspenstiges oder abweichendes Verhalten eines Kindes als Zeichen individuellen Versagens gewertet werden in einer Zeit, in der die zwischenmenschlichen Beziehungen (Gesprächs- und Liebesbeziehungen, Rechts-, Arbeits- und Wirtschaftsbeziehungen) auf allen Ebenen tiefgreifend gestört sind? Wenn von ‹gesellschaftlichen Verhältnissen› die Rede ist, vergisst man oft, dass ‹Verhältnisse› in erster Linie *Beziehungen* sind und erst in zweiter Linie ‹materielles Sein›, ‹ökonomische Bedingungen› und so weiter. Gestörte Beziehungen wiederum stehen in einem wechselseitigen Zusammenhang mit Störungen des Beziehungs*bewusstseins*. Das aus dem Kältekraftfeld ‹gegeninspirierte› Bewusstsein (Teil 1, Kap. 6) setzt Beziehungsmaßstäbe und erzeugt Beziehungsstrukturen, innerhalb derer nur eben dieses gegeninspirierte Bewusstsein Orientierung gibt: Verdinglichung (Denken), Mechanisierung (Fühlen) und Instrumentalisierung beziehungsweise Verzweckung (Wollen) des zwischenmenschlichen Gewebes. Damit ist eine Maschinerie in Gang gesetzt, die den sozialplastischen Werkszusammenhang suspendiert und *aus sich selbst heraus* nicht zum Stillstand kommen kann. Die schlechterdings *einzige* Möglichkeit, das Projekt «Wärmezeitmaschine»[67] (Beuys) zu verwirklichen, ist der Zustrom aus Quellen, die *nicht* vom gegeninspirierten System überlagert sind, Zustrom also aus der Sphäre der unverbildeten Anwesenheit des MENSCHEN (‹Unschuldsraum›). Beuys' begrifflicher Gegenentwurf zur ‹Kältemaschine›, dessen Aussagekraft gerade in seiner logischen Unmöglichkeit liegt – eine Maschine im geläufigen Sinne kann kein Eigenwärme- und Eigenzeitgebilde sein –, bezieht sich auf die *Verwandlung* des Maschinenprinzips: nicht ‹Mechanik›, sondern sinngerichtetes, schöpferisches Beziehungsgefüge, das heißt ‹sozialplastischer Werkzusammenhang›.

Aus dem Unschuldsraum treten uns die Kinder entgegen. Aus dieser Sphäre treten *wir uns selbst* entgegen, wenn wir das erziehungskünstlerische Ereignis geschehen lassen und verstehende Verbündete nicht zuletzt derjenigen Kinder werden, die in der Kältemaschine *Chaos* auslösen. Solches Chaos hat immer etwas damit zu tun, dass Wärme-Bewegungsereignisse das unterkühlte Gleichmaß ‹stören› und unberechenbare, das heißt *gestaltbare* Situationen (Handlungsfreiräume) entstehen. Diese zu erkennen und geistesgegenwärtig zu nutzen, ist die unausgesprochene Bitte der besonderen Kinder an uns, und diese Bitte wird nicht zufällig immer drängender. Wir schlagen sie aus, wenn wir den defektivistischen Standpunkt einnehmen. Die Aburteilung dieser Kinder als ‹unzulänglich› und so weiter, die Verwechslung von «Seelenpflege-Bedürftigkeit» (Steiner) mit Adaptionsbedürftigkeit an die Gesetze der Kältemaschine, erfolgt *immer* nach den Kriterien und unter der Magie der Kältemaschine selbst. Manchmal ist das wohl nicht ganz zu vermeiden, aber man darf sich nicht darüber hinwegtäuschen. *Muss* nicht das im Herz-Willensbereich, also im Kern verwahrloste Erziehungswesen (damit ist nicht nur die institutionelle Ebene gemeint, sondern, diese einschließend, das Gedanken-, Gefühls- und Beziehungsgefüge, an dem wir alle beteiligt sind) die Kindheit veranlassen, aus dem Wärme-Bewegungs- beziehungsweise Herz-Willenszentrum heraus gleichsam Gegenwehr zu organisieren? Ich möchte ‹Kindheit› als ein alle Kinder bis zu einem gewissen Alter bergendes und verbindendes, übersinnliches Feld verstanden wissen, in dem durchaus ‹Entscheidungen› getroffen werden – Entscheidungen aus einer Weisheit, die unserer hochgeschätzten Verstandesklugheit haushoch überlegen ist. Wir sind als Erwachsene an dieses Feld angeschlossen, insoweit wir uns mit der Kindheitswesenheit auf die beschriebene Art vertraut machen (vgl. Teil 2, Kap. 4 und Teil 1, Kap. 5). Die Antriebskraft der Kältemaschine ist ein Gemisch aus Angst, Neid, Machtstreben, Eitelkeit und materialistischen Obsessionen. Dieser Treibstoff ist oft und eindrucksvoll analysiert worden. Die

Antriebskraft der ‹Wärmezeitmaschine› jedoch entzieht sich dem üblichen analytischen Zugriff. Sie ist jene Hoffnungssubstanz, die im Inkarnationsprozess hereinströmt: das ‹Kindheitswesenhafte›, das als Kindheits*idee* denkend erfasst werden kann. In diesem Zusammenhang lohnt es sich, einmal das Augenmerk darauf zu richten, dass die sogenannten kindlichen Verhaltensstörungen, die uns so viel Kopfzerbrechen bereiten, durchweg Turbulenzen im Wärme-Beziehungs- und Zeit-Bewegungsbereich *sind* und *auslösen,* das heißt, sie treffen uns genau dort, wo unsere eigenen Ängste und Unsicherheiten liegen und wir in die trügerischen Sicherheiten der Kältemaschine zurückgezogen haben.[68]

Man prallt, wenn man auf diese Dinge aufmerksam machen will, gegen das Abwehrbollwerk eines immer dichteren kollektiven Selbstbetrugs: Das durchschnittliche ‹neurotische› Weltverhältnis wird als gesundes Maß vorausgesetzt. Eine selbst- und kulturkritische Auseinandersetzung über die *Pathologie des gemeisterten Lebens* in den Zeiten geistiger Verflachung und sozialer Kälte – das eine bedingt das andere – findet nur ganz am Rande statt. Diese Auseinandersetzung wäre aber im Zusammenhang mit der Erziehungsfrage dringend nötig. Dass die sogenannten schwierigen Kinder möglicherweise ein Stück Seelengesundheit gegen den psychopathologischen Konsens verteidigen wollen und damit nicht nur unweigerlich ‹auffallen› und ‹stören›, sondern in bestürzend vielen Fällen (an uns!) scheitern, ist eine Vorstellung, mit der wir uns *ernsthaft* vertraut machen müssen, um aus der pädagogischen Sackgasse herauszufinden. Ein Hauptgrund für das Scheitern der eigentlich ‹gesunden› Impulse, die durch solche Kinder wirksam werden wollen, sowie für deren Abirrung in Resignation, Angst oder Destruktivität ist die stillschweigende Übereinkunft der Erwachsenenwelt (von der ‹Basis› einer hilflosen, resignierenden Elternschaft bis zur akademischen ‹Elite› der Kinderexperten), alles dasjenige zu pathologisieren, was die Pathologie der Zeit kenntlich machen und durchbrechen will. ‹Pathologisieren› in doppelter Bedeutung: ‹für krank erklären› und ‹in die Krankheit treiben›.

Nicht die besonderen Kinder sind das Problem, sondern die Tatsache, dass wir sie im Spiegel unserer beschädigten Weltauffassung verzerrt wahrnehmen. Diese verzerrte Wahrnehmung *wirkt*: Die Kinder erkennen sich in uns nicht wieder und reagieren verstört, während wir ihr verstörtes Reagieren als Bestätigung unserer Zerrbilder werten. Es liegt an uns, den Teufelskreis zu durchbrechen. Die Haltung, die dies ermöglicht, kann mit den Worten von Lao-Tse über wahre Erkenntnis umschrieben werden: «Ich stehe still, gelassen und wunschlos wie ein Neugeborenes, wie ein Heimatloser.»

Wir haben die Qualitäten des Schützens, Begleitens, Tröstens und, diese zusammenfassend und übersteigend, Heilens als erziehungskünstlerische Grundhaltungen kennengelernt, die es zu erüben gilt. Es wurde ausgeführt, dass im Geheimnisbezirk der ‹Schutz›, den wir gewähren können, unsere *lauschende Aufmerksamkeit* ist, Schicksalsbegleitung *geduldiges Warten* voraussetzt, Trost darin liegt, in einem tieferen Sinne – das Kind gleichsam an sich selbst erinnernd – *fragen* zu lernen, und die eigentliche heilende (‹ergänzende›) Kraft das *Hoffnungsereignis* ist, durch das sich für die pädagogische Beziehung der Satz bewahrheitet: Wenn zwei von euch in *meinem* Namen zusammenkommen, bin *ich* mitten unter ihnen. In dem oben zitierten Satz von Lao-Tse tauchen nun diese vier Qualitäten wiederum auf: das in ein Höheres verwandelte Hören; das in ein Höheres verwandelte, gleichsam mit-sprechende, geduldig wartende Sich-Einfühlen; das in ein Höheres verwandelte Begreifen durch ‹Reine-Frage-Sein›; die alles dies zur ‹heilenden Atmosphäre› verdichtende, aus der Zukunft hereinströmende Hoffnungskraft.[69] Es sollen nun diese Schritte noch einmal so formuliert werden, dass sie als einfache Anregungen zur Besinnung und Selbstprüfung dienen können.

Still

Die vielen eifrigen Stimmen in meinem Inneren, die alles kommentieren, bevor ich es recht wahrgenommen habe, sollen verstummen. Ich habe keine persönlichen Meinungen und weiß nicht, was dies oder jenes ‹bedeutet›. Mein Bewusstsein ist ein leerer Raum, in dem deine Lebensmelodie erklingen soll. Ich lausche.

Gelassen

Es geht nicht um meine Ängste und Empfindlichkeiten! Ich will weder etwas vermeiden noch verfolge ich Absichten, außer der einen: dich zu verstehen. Was auch geschehen mag, ist willkommen. Meine Aufmerksamkeit kennt keine Bevorzugungen. Ich warte.

Wunschlos

Wie ich mir dich und unser gegenseitiges Verhältnis meinen Bedürfnissen entsprechend wünsche, ist ohne Belang; wo kein Wunsch ist, bleibt Enttäuschung aus. Mir steht nichts zu. Mein einziger Anspruch ist, deine Ansprüche zu erkennen und ihnen zu genügen. Ich frage.

Heimatlos

Konventionelle Erwartungen, anerzogene Maßstäbe, gesellschaftliche Voreingenommenheiten dürfen mich nicht beeinflussen. Die Zukunft kennt keine Gebräuche, der Status quo liegt immer hinter mir. Ich trete hinaus ins Offene und suche dich. Ich hoffe.

‹Hoffnung› meint hier nicht, sich etwas Bestimmtes zu erhoffen, sondern eine Grundeinstellung, in diesem Fall dem Kind gegenüber, die man als ‹adventlich› bezeichnen könnte. Das gleich-gültige Wartenkönnen, durch das sich die Gelassenheit auszeichnet, erfährt in der ‹Heimatlosigkeits›-Stimmung eine Steigerung zur freudigen Erwartung des (An-)Künftigen, sich Ankündigenden. Hoffnung im eigentlichen Sinne ist die Bereitschaft, sich überraschen, in Staunen versetzen zu lassen. Deshalb wird Hoffnung von allem getrübt, was ich *voraussetze,* zur Bedingung mache, als opportun betrachte und so weiter. Hoffnungsarme Menschen sind im Bestand festgepfahlt, in Konventionen gefangen, vom Ballast des Unabänderlichen und Gewohnten niedergezogen.

Lauschen, warten, fragen, hoffen sind die vier im *Staunen* vereinten Seelengebärden, vier Aspekte dessen, was wir mit Morgenstern ‹schaffendes Begreifen› nannten. Lauschenkönnen setzt Stille voraus. Wartenkönnen setzt Gelassenheit voraus. Fragenkönnen setzt Wunschlosigkeit voraus. Hoffnung erwacht in der Stimmung der Heimatlosigkeit.

Der Übungsweg, der hier angeregt wird, führt hin zu einer wahrhaften Erziehungs*kunst,* in der es nicht um Unterweisung und Verhaltensarchitektur geht, sondern darum, eine Einstellung zu den Kindern zu finden, die berechnende ‹Maßnahmen› überflüssig macht, weil sie intuitives Handeln ermöglicht und, was dasselbe ist, *Staunen* lehrt.

7. Fähigkeitenkeime – der «poetische Weg»

Man sollte, wenn man an ein Kind mit der Frage ‹Fähigkeitenkeime› herantritt, um ‹spirituelle Gerechtigkeit› bemüht sein. Damit ist jene würdigende Haltung gemeint, über die Martin Buber schrieb: «Maß und Vergleich sind entwichen; es liegt an dir, wie viel des Unermesslichen dir zur Wirklichkeit wird.» Unsere Frage richtet sich in den Geheimnisbezirk: an die *Individualität*. «Ehrfurcht vor dem geheimnisvollen Wesen des Kindes muss der Anfang der Gesinnung sein, mit welcher der Erzieher an seine Aufgabe herantritt», sagte Rudolf Steiner (GA 305, ebenso die folgenden Zitate in diesem Kapitel). Man solle nicht «dies oder jenes hineingießen» in das Kind, sondern «Ehrfurcht vor seinem Geiste haben». Und dann folgen die lapidaren Sätze, deren Tragweite auch unter Anhängern der Pädagogik Rudolf Steiners selten erkannt wird: «Diesen Geist kannst du nicht entwickeln, er entwickelt sich selber.» Deshalb ist «allergrößte Selbstverleugnung» des Erziehers die wirksamste erziehungskünstlerische Kraft. Natürlich braucht sich niemand von morgens bis abends auf der ganzen Linie selbst zu verleugnen im Sinne einer sauertöpfischen Entsagungshaltung. Das meinte Steiner nicht, im Gegenteil: Wer die eigene Persönlichkeitsentwicklung vernachlässigt, kann zu einem Kind nicht das Vertrauensverhältnis finden, das allein möglich ist in der ‹Unermesslichkeit› gemeinsamen Hoffens, in der Hinwendung des Erwachsenen nicht nur zu dem leibhaftig ihm anvertrauten Kind, sondern zum *Kindheitswesen,* welches er selbst *ist*. Steiner spricht von «allergrößter Selbstverleugnung» in Bezug auf das ‹Selbstische›, das sich als beziehungsfremde Motivation in den reinen Wunsch des Verstehenwollens hineindrängt. Wir müssen, statt irgendwelche Pläne oder Absichten zu verfolgen, «in der Umgebung des Kindes so leben, dass der Kindergeist in

Sympathie das eigene Leben an dem Leben des Erziehers entfalten kann. – Es soll (in den Kindern) nicht fortleben in Zwang ... dasjenige, was in dem Erzieher selbst» ist. Durch diese würdigende – und das heißt ‹heilende› – Haltung, so Steiner, beseitigen wir «im Physischen und auch noch ein wenig im Seelischen» *Hindernisse* der Selbstentfaltung. Warum besonders «im Physischen»? Weil der bis in die feinsten funktionellen Vorgänge hinein noch unerhört bildsame kindliche Leib nur dann zum *fügsamen Instrument* des Geistes (der als solcher nicht beeinflussbar ist) werden kann, wenn das Kind den aus unserer lauschenden, wartenden, fragenden und hoffnungsgestimmten Anteilnahme gebildeten Spiel-Raum hat, sich innerlich und äußerlich *frei zu bewegen*. In diesem Freiheitselement prägen sich dem Leib durch die plastische Bildetätigkeit des Ich Schicksalsimpulse als Fähigkeitsanlagen ein, die sowohl den Einwirkungen der Umwelt als auch der erbbiologischen Vorprägungen *überlegen* sind. Die «Hindernisse», die wir durch unsere gesteigerte Verstehenskraft «wegräumen» sollen, statt durch *beabsichtigende Erziehung* zusätzliche aufzutürmen, *sind* im weitesten Sinne die Umwelt- und Erbfaktoren. Diese *überfremden* die Hoffnungsgestalt von zwei Seiten her, ‹endogen› (Erbe) und ‹exogen› (aufgezwungenes Lernen, ‹Hineingießen›). So konnte Rudolf Steiner als die «drei goldenen Regeln» der Erziehungskunst formulieren: eine bis zur religiösen Stimmung gesteigerte *Dankbarkeit* für das, was uns durch das Kind zuteil wird (wir nannten es «Initiation»); ein ehrfürchtiges Bewusstsein dafür, «dass das Kind ein göttliches *Rätsel* darstellt» (Hervorhebungen H. K.), welches «Erziehungskunst lösen soll» (wir sprachen vom «Geheimnisbezirk», in dem unser *Verstehen* heilsame – erziehungskünstlerische – *Tat* wird); drittens eine «in Liebe geübte Erziehungsmethode, durch die das Kind sich instinktiv selbst an uns erzieht, sodass man (ihm) die Freiheit nicht gefährdet, die auch da geachtet werden soll, wo sie das unbewusste Element der organischen Wachstumskraft ist» (der *Hoffnungs*aspekt in seiner tieferen Bedeutung).
Maßgeblich ist also weder, was *ich* für wichtig halte noch

was *gesellschaftlich* als wichtig gilt, sondern was das *Kind* mit besonderer Hingabe tut oder aufnimmt. Dabei muss berücksichtigt werden, dass bei Kindern das ‹Eigentliche› zumeist in zwanglosen, spielerischen Situationen zum Vorschein kommt. Man wird ihnen also nur gerecht, wenn man vornehmlich darauf achtet, wie sie sich im erwartungs- und forderungsfreien Raum verhalten. Dieser Raum kann *geschaffen* werden. Wir schaffen ihn durch die beschriebene erhöhte Aufmerksamkeit (vgl. Teil 2, Kap. 4: Schützen). Am ehesten – mehr als in Kindergarten und Schule, mehr als beim unbeaufsichtigten Spiel mit Freunden, mehr auch, als wenn es sich selbst überlassen bleibt – offenbart sich ein Kind in der Zweisamkeit mit einem Erwachsenen, zu dem es ein so entspanntes Verhältnis hat, dass sich unter dem ‹Schutzschirm› seiner reinen, absichtslosen, von keinen Hintergedanken getrübten Aufmerksamkeit ein unbefangenes, aber durch die Anwesenheit des vertrauten Zuschauers sozusagen exklusives, unwillkürlich um ‹Schönheit› bemühtes Spielgeschehen entfalten kann. In solchen Situationen zeigen sich die Kinder unverstellt! Aber es ist gar nicht so einfach, ‹stilles Publikum› zu sein, ohne aufdringlich zu wirken und das Kind zu irritieren. Worauf kommt es dabei an? Innere Zurückhaltung ist das Entscheidende. Ich darf keine Gedanken und Empfindungen des Lobes oder Tadels aufkommen lassen, nicht neugierig sein und nicht die Absicht haben, aus dem, was ich miterlebe, Schlüsse zu ziehen. ‹Inneres Eingreifen› ist genauso zu vermeiden wie äußeres. Man kann das Spielgeschehen ‹belauschen› oder ‹belauern›, das macht einen großen Unterschied. Innerlich eingreifend ist der *bewertende* oder *auswertende* Blick, aber auch das distanzlos ‹entzückte› Hinstarren, das aufgesetzte ‹Ich-bin-ein-Kinderfreund›-Gehabe, desgleichen die Ironie, die selbstgefällige Kennermiene, leicht befremdet, aber gönnerhaft gewährenlassend. Es ist nicht nötig, dass ich mich weiter über all die Unarten auslasse, zu denen erwachsene Menschen aufgrund ihrer Überlegenheitsillusion neigen, wenn sie einem spielenden

Kind zusehen. Die unprätentiöse Aufmerksamkeit, die demgegenüber erübt werden kann, ist vergleichbar mit der Stimmung, die in vielen japanischen Haikus lebt.[70] «Das Frühlingswasser / Kommt langsam / Von den Bergen» (Buson). Man mag bezweifeln, dass eine schlichte Tatsachenfeststellung schon ‹Poesie› sei, und den Wunsch nach adjektivischer Ausschmückung und metaphorischen Girlanden verspüren. Was dabei nicht bedacht wird: Man kann eine Erscheinung kaum mehr würdigen, als wenn man einfach nur ihr Vorhandensein zum künstlerischen Ereignis erklärt. Dadurch, dass das langsam von den Bergen herabkommende Frühlingswasser künstlerisch ausgezeichnet wurde, hat es im Weltzusammenhang einen anderen, höheren Rang als zuvor – gerade *weil* der Dichter nicht unter dem Eindruck stand, etwas verbessern, hinzuzufügen, erklären zu müssen. Busons Aussage ist: ‹Himmel, wie blind ich war, jetzt erst *verstehe* ich: Das Frühlingswasser / Kommt langsam / Von den Bergen.› «Nichts anderes ist gegenwärtig als dies eine, aber dies eine welthaft» (Buber). Jedes Wort ein Schlüssel zum Geheimnis des Bildes, welches wiederum Kunde bringt von der unsichtbaren Werkstatt, in der solche Bilder entstehen und zusammengefügt werden zum Gesamtwerk Welt. Frühling. Wasser. Langsam. Kommen. Berge. Von dort … Die poetische Erfahrung des Bildes und seiner Elemente ist zugleich Neuschöpfung. Der Erfahrende nimmt teil an der Erschaffung der Welt.[71]

Indem wir mehr und mehr *diese* Haltung einnehmen, geben wir dem Kind die Freiheit, seinen Leib zu ergreifen, seine individuelle Wärmezeitgestalt, Bewegungsgestalt, Ausdrucksgestalt zu finden. Man kann üben, ‹Haiku›-artig zu beobachten, indem man es sich zur Regel macht, entsprechende poetische Miniaturen über das Spielverhalten des Kindes in ein Tagebuch zu schreiben. Dadurch gewöhnt man sich zugleich die entsprechende ‹lauschende›, nicht urteilende und absichtslose Art der Teilnahme an, durch die eine Atmosphäre entsteht, in der das Kind *frei atmen* und *zu sich kommen* kann. Grundregeln für solche Aufzeichnungen, mit denen man sich dann in meditativer Art beschäftigen soll: keine Bewertungen oder Meinungen, auch nicht ‹verschlüsselt›; keine verbalen Gefühlsausbrüche; keine Metaphern oder Allegorien; Beschränkung auf wenige, lediglich charakterisierende Adjektive.

> Die Tiere schlafen
> Nun reibt sie den Kieselstein sacht
> An der Wange und summt einen dunklen Ton.

Tiere. Kieselstein. Wange, Dunkler Ton. Schlaf. Reiben. Summen. Sacht. Wieder und wieder die Szene sich vor das innere Auge rufen. Jedes Wort, jedes Detail ‹durchfühlen›. Das *Kind* ist der Schöpfer dieses Ereigniszusammenhanges, der, je länger ich mich auf ihn konzentriere, immer größer, bedeutungsvoller, geradezu erhaben auf mich wirkt, ohne dass ich sagen könnte, warum. Zum starken Erlebnis muss mir der Gedanke werden: *Ich* habe durch mein stilles Dabeisein den ‹Raum› geschaffen, in dem sich die Szene abspielen konnte. Es ist nicht gleichgültig, dass ich zugegen war. Etwas ist *zwischen uns* geschehen. Man wird dann eine eigenartige Entdeckung machen: Während man anfangs immer deutlicher die ‹Welthaftigkeit› der Szene spürt und in die Stimmung kommt, geradezu an einem sakralen Vorgang teilgenommen zu haben, verschwindet dieser Eindruck nach einiger Zeit und macht dem durchaus irritierenden Gefühl Platz, der ganze Vorgang und seine einzelnen Elemente bedeuteten *nichts*. Etwas Absurdes schleicht sich ein. Das Erinnerungsbild fällt sozusagen auf dem Höhepunkt seiner Würde und Schönheit in sich zusammen und hinterlässt ein Vakuum. Wenn man aber in das Vakuum ‹hineinlauscht›, statt (was näher läge) sogleich andere Gedanken und Empfindungen einströmen zu lassen, wird man finden, dass es sich nur insofern um ein ‹Vakuum› handelt, als nichts mehr im üblichen Sinne *Bedeutung* hat, während zugleich aus der Bedeutungsleere eine Empfindung aufsteigt, die als ‹reine Gewissheit› umschrieben werden kann: Es scheint, als wüsste man jetzt vollkommen zweifelsfrei, welche *Frage* an das Kind zu richten sei, aber diese Frage (das löst zunächst eine gewisse Hilflosigkeit aus) ist bildlos und nicht in Worte zu fassen; es ist eine *Stimmung* der Nähe, des Verstehens, des Eingeweihtseins, sozusagen ein ‹Aha-Erlebnis› ohne Begriffsinhalt. Man muss sich in diesem Augenblick klar darüber sein: Das Hilflosigkeitsgefühl rührt daher, dass man an einen Wahrnehmungs- und Beziehungsbereich Anschluss gefunden hat, der dem Alltagsbewusstsein ansonsten verschlossen ist. Unsere gewöhnlichen Sicherheiten sind dort bedeutungslos. Das muss man zunächst einfach geschehen lassen. Entscheidend ist etwas anderes: Man hat die Schwelle von der mittelbaren zur unmittelbaren Wesenserkundung überschritten. Der Übende lebt jetzt nicht mehr in den Nachbildern äußerer Wahrnehmung, sondern kommt direkt in *Berührung* mit dem vom Kind ihm anvertrauten Geheimnis. Hier bedeutet ‹Verstehen› nicht, ‹Tatsachen festzustellen› oder ‹Zusammenhänge zu durchschauen›, sondern das Wesentliche so zu erfassen, dass es unmittelbar in den Willen einströmt als Gestaltungsvermögen. Wenn man sich regelmäßig mit dieser Kraftquelle in Verbindung setzt, wird allmählich der Umgang mit dem Kind (welches ja selbst diese Quelle *ist*) ein würdigender, die ganze Erziehungshaltung eine heilpädagogische. Die Körper- und Gebärdensprache verändert sich, die Stimme, der Blick; man beginnt, das Kind mit anderen, nämlich gerechteren Gedanken und Gefühlen innerlich zu begleiten; die intuitive Sicherheit des rechten Handelns zur rechten Zeit wächst, und es wächst nebenher *auch* die Fähigkeit, im üblichen Sinne Zusammenhänge besser zu ‹durchschauen›: Man gewöhnt sich ab, die Phänomene, bevor man sie richtig zur Kenntnis genommen hat, gleich zu bewerten; eine gesunde Antipathie gegen ‹Mutmaßungen› und ‹Meinungen› stellt sich ein. Befand man sich während der poetischen Phase des andächtigen Hingegebenseins an das Bild im *Vorgefühl* des Schwellenübertritts (Annäherung), ist nun, da das Bild seinen Zauber, ja seine Bedeutung verliert und stattdessen die *Empfindung der entscheidenden Frage* – jenes bildlose Gefühl des Verstehens – auftritt, der Schwellenübertritt *vollzogen* (Berührung). Jede Minute des Verharrens in dieser zu Anfang noch sehr seltenen und flüchtigen Stimmung ist kostbar. Sie teilt sich dem Kind, obwohl es nicht physisch anwesend ist, als Trost und Ermutigung mit. Der Übende wird bemerken, wie sich allmählich sein erziehungskünstlerisches Situationsgespür verfeinert und sein Verhältnis zum Kind gewissermaßen eine Aufhellung erfährt: Es *klärt sich.*

Zusammengefasst ergibt sich ein erziehungskünstlerischer Übungsweg mit vier Aspekten, wobei die Übungsschritte natürlich nicht streng nacheinander, sondern in lebendigem Wechselspiel erfolgen. Man benötigt an einigen Wochentagen je circa zwanzig Minuten des Alleinseins, um zu schreiben und sich in das Geschriebene beziehungsweise Erlebte zu vertiefen, sowie gelegentlich eingeschobene Zeiten, um das kindliche Spiel auf die geschilderte Art zu begleiten. Gut ist es, wenn man dabei selbst einer ruhigen, einfachen manuellen Tätigkeit nachgeht. Die Mutter mit Handarbeitszeug, daneben das versunken spielende Kind – das hat Urbildcharakter, und solche Urbilder müssen in die Wirklichkeit zurückgeholt werden. Zeit sollte man sich freilich nehmen! Wer sich keine Zeit für sein Kind nimmt, vernachlässigt es, das steht außerhalb jeder Diskussion. Die Frage ist nur: Wie gestaltet man die Zeit, die man erübrigen kann, sinnvoll? Ich mache hier einen Vorschlag, der in gewisser Hinsicht sehr ökonomisch ist. Man erreicht viel, ohne äußerlich etwas Besonderes tun zu müssen; dabei macht das Kind die kostbare Erfahrung: ‹Meine Eltern *interessieren* sich für mich. Sie genießen es, einfach nur in meiner Nähe zu sein.› Das ist unerhört vertrauensbildend. Besonders die sogenannten schwierigen Kinder brauchen unsere stille, unspektakuläre, gleichsam stoische Zuwendung, den Wärmestrom bescheidener Anteilnahme. Sie tragen so oft die unausgesprochene Bitte an uns heran: ‹Seid doch einfach nur mal für mich da, ohne etwas zu wollen, ohne mich zu belauern, ohne mich zu tadeln, ohne Verdächtigungen, Erwartungen, Beurteilungen, besorgte und enttäuschte Blicke.› Das Einfach-nur-da-Sein *heilt* – vorausgesetzt man macht sich klar, dass äußeres Nichtstun in diesem Fall eine *Gestaltungsfrage* ist, die (beispielsweise) so gelöst werden kann, wie ich es in diesem Kapitel beschreibe. Es gibt natürlich noch andere Möglichkeiten,[72] und im Prinzip kann *jede* Art des zwanglosen Beisammenseins mit dem Kind zur ‹Feierstunde der verstehenden Nähe› werden, wenn der Erwachsene die innere Einstellung findet, die in diesem Buch von verschiedenen Seiten her charakterisiert wird.

Die aufmerksame, aber nicht neugierige, ganz zugewandte, aber nicht aufdringliche Anwesenheit ist *Bedingung* und *Ziel*. Je häufiger die nachfolgenden Schritte vollzogen worden sind, desto besser gelingt dieser erste. Er ist gleichsam schon angelegt auf den zweiten, nämlich auf die verdichtete Beschreibung eines oder mehrerer Details (Nachbetrachtung / poetische Würdigung); ich möchte diesen Schritt als *Sammlung* bezeichnen. Im dritten Schritt wird das in Worte gefasste Bild vertieft und gesteigert, am besten durch wiederholtes, langsames Sprechen bei gleichzeitigem intensivem Bemühen, die Szene bildhaft zu vergegenwärtigen; dadurch kommt es zur *Annäherung* an das eigentliche Verstehensereignis. Dieses findet statt, wenn das Bild ‹erstirbt› und dadurch *Berührung* möglich wird. Idealerweise trüge man die Stimmung des Berührtseins (die Frage, die eine Gewissheit ist) in jede Begegnung mit dem Kind ganz selbstverständlich hinein, lernte, *immer* – ohne besonderen Vorsatz – aus innerer Sammlung (sozusagen mit den Augen des Haiku-Dichters) zu sehen und sich wie nachahmend einzufühlen[73] in das Wahrgenommene. Dann wäre dasjenige, was hier als gegliederte Übung beschrieben wird, künstlerisch-habituell geworden. Die verschiedenen Übungsteile fielen in eins, als würde, sobald das Kind erschiene, ein bestimmter Grundakkord der Aufmerksamkeit und des Verstehens angeschlagen. Er bestünde aus den ‹Tönen›: Begegnung, Sammlung, Annäherung, Berührung. Man kann sich diesem Zustand der gleichsam in Fleisch und Blut übergegangenen erziehungskünstlerischen Kompetenz nähern – Persönlichkeiten wie Janusz Korczak hatten dieses Niveau erreicht –, aber in der Regel sind wir so vielen widrigen Einflüssen und Ablenkungen (nicht nur von außen, sondern auch aus dem eigenen Innenleben) unterworfen, dass eine gewisse Systematik des Übens sehr zu empfehlen ist. Man wird dann selbst bemerken, ob und in welchem Maß sich diese allmählich erübrigt.

8. Kein Kind ist böse

Wir müssen Abschied nehmen von den gewohnten Größenordnungen in Bezug auf Wert und Bedeutung. Wenn das Kind in einem rostigen Nagel etwas Kostbareres erkennt als in einem teuren Schmuckstück, dann *ist* der rostige Nagel kostbarer. Ich muss mich in die Präferenzen des Kindes verstehend einleben, das heißt zunächst: sie gelten lassen, dann: sie mir zu Eigen machen und *von innen* das Weltverhältnis erkunden, in dem sie begründet sind. Warum soll die Fähigkeit, beim Anblick einer still niederbrennenden Kerze alles um sich herum zu vergessen und ganz einzutauchen in das Geheimnis der Flamme, nicht so hoch einzuschätzen sein wie fabelhafte intellektuelle, musikalische oder sportliche Leistungen? Wer einmal als heimlicher Beobachter ein sogenanntes verhaltensgestörtes Kind bei Sonnenuntergang an einem Bach hat spielen sehen, ganz allein mit dem Wasser, den Steinen und dem Wind, still, aufmerksam, ja andächtig hingegeben an die Elemente, wird zumindest sehr unsicher und nachdenklich in Bezug auf die Diagnose ‹hyperaktiv› oder ‹ADS› (Aufmerksamkeits-Defizit-Syndrom), die über dieses Kind vielleicht verhängt wurde aufgrund eines ‹rein wissenschaftlichen› Testverfahrens. Warum soll die Szene im Wald *weniger* aussagekräftig sein als die Untersuchungsergebnisse unter Laborbedingungen? Man wird dazu übergehen müssen, die Priorität nicht beim Auffinden von ‹Defiziten› zu setzen, sondern die Stärken, die ‹Schönheiten› eines Kindes zu entdecken und *dort* fördernd, bestärkend mitzuwirken. Dass eine ganz neue Qualität der Fantasie und Flexibilität, des unkonventionellen Reagierens und Absehenkönnens von der elenden ‹Normalität› sich in den pädagogischen Zusammenhängen wird durchsetzen müssen, zeigt sich hier ganz deutlich. ‹Lasst tausend Blumen blühen!› Das Schul- und Erziehungswesen bedarf der größtmöglichen Freiheit und Vielfalt einschließlich rechtlicher und wirtschaftlicher Absicherung für kleine und größere Projekte, die *von bestimmten Kindern her* gedacht sind. «Wozu die großen Worte; sie sind nicht groß.» In Abwandlung dieses Satzes von Samuel Beckett wäre zu fragen: Wozu die großen Erziehungsziele? Sie sind nicht groß. Angesichts des ‹Geheimnisses› schrumpfen sie zur Bedeutungslosigkeit. Es ist eine schöne und lohnende Aufgabe, wenn man als Elternteil, Lehrer oder Therapeut ernst damit macht, ein ‹schwieriges› Kind nicht mehr ‹schwierig› zu nennen, sondern ihm seine *Besonderheit* zuzugestehen und diese Besonderheit «mit Andacht zum Kleinen» (Steiner) aufzuspüren. Das gröbste Missverständnis wäre hierbei die Annahme, dieses Bemühen diene der besseren Durchsetzung von Erziehungsabsichten. Es dient dem *Verstehen* als der einzig legitimen Erziehungsabsicht.

Etwa fünf Prozent aller Kinder, schätzt man, zeigen heute schon im Vorschulalter oder frühen Schulalter Anzeichen unnatürlicher Gewaltbereitschaft und Rücksichtslosigkeit. Die Rate ist in den letzten fünfzehn Jahren steil angestiegen. Dasselbe gilt bekanntlich für die Jugendgewalt. Dazu ist erstens anzumerken: Parallel zur Zunahme kindlicher und jugendlicher Gewaltbereitschaft hat sich das gesellschaftliche Klima dahingehend verändert, dass alle zur «Anatomie der menschlichen Destruktivität» (Erich Fromm) gehörigen Verhaltensweisen und Einstellungen wieder unangefochten hoffähig geworden, das heißt gegenüber dem Versuch eines ethisch-sozialkünstlerischen und ökologischen Richtungswechsels (sechziger / siebziger Jahre) in vollem Umfang rehabilitiert sind. Das mag Zufall nennen, wer den Dingen nicht auf den Grund gehen will. Einer vertieften entwicklungspsychologischen Betrachtung zeigt sich, dass die Kinder mit sogenannten aggressiven Verhaltensstörungen versuchen, *Realität zu bewältigen*. Indem sie sich in die Verhältnisse hineingestalten (vgl. Teil 2, Kap. 5), greifen sie das, was ihrem *inneren* Nachahmungsdrang entgegenkommt als ‹Zeitkolorit› (nämlich die allgegenwärtige, latente Feindseligkeitsstimmung), zunächst auf beziehungsweise *lassen sich davon ergreifen,* wobei ihr eigentliches Motiv die *Durchlichtung* (Individualisierung) des vorgefundenen und nachahmend angeeigneten Dunklen ist, also ein Verwandlungsmotiv. Man muss diese künstlerische Intention im sogenannten Anpassungsprozess immer berücksichtigen und kann davon ausgehen, dass die Kinder, die sich partizipierend mit der Feindseligkeit der Zeit auseinandersetzen, sich also zunächst auch *einleben* in dieses Element, indem sie auf das entsprechende Potenzial ihrer natürlichen Ausstattung zurückgreifen (um eine Erscheinung zu verstehen, wird das ‹Ähnlichste› im eigenen Wesensgefüge aufgerufen), eigentlich über außergewöhnliche *Mut*kräfte verfügen. Sie sind ‹Drachenkämpfer›-Naturen – anders als diejenigen, die auf dieselben Zeiterscheinungen trauervoll oder verängstigt reagieren (was auf andere Qualitäten hinweist). Auch aggressive Kinder sind ängstlich und bekümmert, aber sie nehmen es auf sich, ‹in die Haut des Drachen zu schlüpfen›. Das ist natürlich ein Risiko. Das Verwandlungsmotiv kann auf der Strecke bleiben. Diesbezüglich hängt nun unendlich viel davon ab, wie die erwachsenen Bezugspersonen reagieren, denken, fühlen: ob sie in dem kleinen Wüterich das ‹gestörte Kind› sehen oder den waghalsigen Kämpfer, der sich, freilich in Überschätzung seiner Kräfte, auf etwas eingelassen hat, was stärker ist als er und nun Herrschaft über ihn zu gewinnen droht. Es wäre der Auftrag einer *verstehenden* und bewusst vom Zeitgeist sich absetzenden Erziehung, die *Mut*qualität in solchem Verhalten zu würdigen, statt das Kind, das aus selbstlosen Beweggründen in Not geraten ist, nun auch noch durch herabsetzende Urteile zu demütigen. Der Mut muss in kreative Bahnen gelenkt werden! Es dürfen keine Zweifel darüber bestehen, dass ein Kind *niemals* ‹böse ist›. Es ringt allenfalls mit dem ‹Bösen›, dies jedoch *immer* mit der tiefen Sehnsucht, Verwandlung, Erlösung herbeizuführen. Der Inkarnationsimpuls selbst *ist* ja – das wurde ausführlich begründet – diese Sehnsucht. Sie kann sich jedoch, wie wir ebenfalls gesehen haben, nicht erfüllen ohne die initiierte Teilnahme der erwählten (erwachsenen) Begleiter.

Hier erhebt sich nun die Frage, wie oft im Leben eines ‹schwierigen› (in diesem Fall zu aggressiven Ausfällen neigenden) Kindes sich diesem ein erwachsener Mensch wirklich durchhaltend verständnisvoll, *würdigend* zugeneigt hat mit der inneren Einstellung, die Rudolf Steiner als Ehrfurcht, Dankbarkeit und Respekt vor der Freiheit charakterisierte – statt ihm das Stigma des ‹schwierigen› Kindes anzuheften und es immerfort als solches *anzusehen*, daheim, im Kindergarten, in der Schule; wie oft jemand, statt vor dem ‹kleinen Teufel› das Kreuz zu schlagen und auf geeignete Exorzierungsmaßnahmen zu sinnen, in stiller Bewunderung und Anerkennung vor ihm stand und seine Schönheit sah. Das ‹Böse› kommt von außen, ungerufen, aber unausweichlich, und ergreift das Kind; das ‹Gute› kommt nicht von außen, sondern aus dem Kind selbst, und ergreift die Welt, ergreift *uns* – aber nur, wenn wir es herausrufen. Wir rufen es heraus, indem wir es *sehen* lernen. Das bedeutet ‹verstehende Bewahrheitung›. Schwierige Kinder gibt es *in Wahrheit* nicht.

9. Hoffnung und Tragik.
Oder: War Beethoven ein Fehlschlag?

Wenn ein sinnerfülltes Leben gleichbedeutend wäre mit einem Leben in lauter Glück und Zufriedenheit, also mit einem möglichst konflikt- und leidensfreien Leben, müssten die meisten großen Werke der Kunst und Dichtung und viele bahnbrechende Erkenntnisleistungen als Sinnlosigkeitsprodukte gewertet werden und ihre Hersteller als gescheiterte Existenzen. Mit anderen Worten: Wer ‹zufriedene›, ‹mit sich und der Welt in Einklang lebende› Menschen heranerziehen will, strebt – gewollt oder ungewollt – die Enteignung der Seele und die Abschaffung der ‹großen Erzählungen› (im Sinne Neil Postmans) an. Lebensgestaltung als seichte Unterhaltungsliteratur? War Georg Trakl ein bedauerlicher Fall? Hölderlin ein Missgeschick? Albert Camus eine Panne? Beethoven ein Fehlschlag? Sie alle und viele andere (auf die Berühmtheit kommt es nicht an) standen mit ihrer überströmenden Wärme in der Kälte der Zeit und versuchten das *Unmögliche:* dem *Kind* treu zu bleiben. Wenn ich ‹unmöglich› sage, meine ich nicht ‹sinnlos›. Es gibt ein Wollen, das über die Schwelle hinausweist, vom diesseitigen Standpunkt aus ‹unmöglich› ist, aber doch, auf fernere Ermöglichung gerichtet, hier und heute Hoffnungszeichen setzt. Das ist ‹kindhaftes› Wollen im Verständnis des erweiterten Kindheitsbegriffs: Als Zentrum des menschlichen Wesensgefüges[74] stellt das *Kind* die Verbindung zwischen inkarniertem Ich (‹Ego›) und ungeborenem Ich (‹Geistselbst›) her, die Verbindung also des in der Vorwärtszeit alternden, sich verbrauchenden, ‹schuldig werdenden› Menschen zu seinem überzeitlichen Hoffnungswesen. Dieses ‹Überzeitliche› tritt ihm, vom zeitgebundenen Bewusstsein her betrachtet, aus der Zukunft entgegen, aus dem Unschuldsraum. (Die Zukunft ist der Unschuldsraum. ‹Zukunftsschuld› kann es nicht geben.) Anders gesagt: Wo der urgestaltliche MENSCH, zu dem das Geistselbst hinaufragt, sich dem einzelnen Menschen mitteilt und im verkörperten Ich aufstrahlt, wo also *reine* Hoffnung in der Vergänglichkeit erwacht, wirkt übermittelnd das *Kind*. Dieser Austauschprozess kann jederzeit in jedem Menschen stattfinden. Er *findet* tatsächlich, mehr oder weniger bewusst, immerfort in jedem Menschen statt.[75] Seine höchste und reinste Ausprägung erfährt er jedoch zwischen Empfängnis und Geburt, im Inkarnationsgeschehen und in der Einweihung der Schicksalsbegleiter des Kindes durch das Kind selbst.

Sinnsuche heißt auch: Bekanntwerden mit der Tragik. Darüber zu sprechen ist im Klima des hedonistischen «Okay-Spiels» (Richter) unpassend, aber nötig. Ein tragisches Feld entsteht, wenn das *Kind* der Überweltlichkeit und damit Unmöglichkeit seines innersten Wollens gewahr wird und verzagen will; wenn der *Grundwiderspruch* offen zutage tritt. Er liegt darin, dass das Ziel des gewählten Lebens dieses Leben überragt; dass dem diesseitigen Weltzusammenhang also ‹nur› der *Wunsch an sich* eingefügt werden kann, die Hoffnung, nicht die Erfüllung. Das ist eine tief bekümmernde Erfahrung, die aber zugleich einen befreienden Aspekt des Geheimnisses enthüllt: ‹Wärme› und ‹Bewegung› in der Hinentworfenheit auf den MENSCHEN (Hoffnungskraft) sind die Qualitäten, die gerade wegen ihres Bezugspunktes im ‹Unmöglichen› über die Endlichkeit – den Todespunkt – hinausweisen. Daraus erklärt sich der scheinbar widersinnige, aber evidente Zusammenhang zwischen Sinnlosigkeitserfahrung und Hoffnungserwachen (urbildlich in der Pubertätskrise[76]). Ich meine jene *eigentliche* Hoffnung, die sich nicht an diesem oder jenem Ziel festmacht, sondern den Charakter eines veränderten Wahrnehmungsvermögens hat: Man sieht die Welt gewissermaßen in einem überweltlichen Licht, oder: mit den Augen des *Kindes*. Das tragische Feld *ist* in den Erdenverhältnissen das Hoffnungsfeld. Damit sollen Depressionen und Erlebnisse von Lebensüberdruss nicht verharmlost werden. Die Eskalation der Hoffnungs- beziehungsweise Sinnkrise bis zum Selbstmord könnte aber gewiss oft verhindert werden durch die Erfahrung des schützenden, begleitenden, tröstenden und ermutigenden Beistands anderer Menschen, des *Erkannt- und Gewürdigtwerdens.* Ob dies erfahren worden ist, in der Kindheit oder später, kann den Ausschlag geben in der Begegnung mit der Dimension des Tragischen, welche pädagogisch *abwenden* zu wollen möglicherweise gerade dazu führt, dass sie ‹im Ernstfall› nicht bestanden wird. So vielen, nicht nur im tragischen Grundkonflikt über sich hinausgewachsenen, sondern zuletzt auch tragisch zerbrochenen Menschen war die Rolle des ‹schwierigen›, ‹absonderlichen› Kindes aufgebürdet, dessen ‹schlimmes Ende› man ‹kommen sah› und mit allen Mitteln verhindern wollte! Auch wenn in solchen Fällen nicht alle Register der pädagogischen Zwangsbeglückung gezogen werden – das Brandzeichen des ‹Versagers›, der alle Welt enttäuscht und seine Eltern in Schuldgefühle stürzt, kann sich im Verlaufe eines ungewöhnlichen Lebens post festum als großes Unheil erweisen, vielleicht – in einer Schwellensituation – den Ausschlag dafür geben, dass die Hoffnung der Todessehnsucht nicht mehr die Waage hält. Und doch, nein: gerade deshalb verdienen diejenigen, die verzweifelt ihrem Leben ein Ende setzen, für diese Tat unseren uneingeschränkten Respekt. «Jedes Kind hat das Recht auf seinen eigenen Tod», lautet eine der *geheimnis*vollsten Aussagen Janusz Korczaks. Auch ein Tod, der unser Fassungsvermögen übersteigt und uns voller Trauer und Hilflosigkeit zurücklässt, darf nicht einfach als Missgeschick betrachtet werden. Er kann Teil des Geheimnisses sein. Über Sinn oder Nichtsinn des gelebten Lebens und seiner Beendigung mag der Fortgegangene mit den höheren Wesen beraten, mit denen er einst auch sein Kommen beriet. Was wissen *wir* schon?

Zum Schluss ...

Faustregel der Verhältnismäßigkeit:

Gestehe einem Kind immer *doppelt* so viele Unarten, Ungeschicklichkeiten, Ängste und Stimmungsschwankungen zu wie dir selber und bedenke dabei: Kinder können *nicht halb so viel* verbergen wie du.

Der Selbstgestaltungswille

des Kindes ist *indisponibel* (nicht fremdverfügbar, also auch nicht pädagogisch verfügbar), *singulär* (immer einzigartig) und *gerichtet* auf den im Kind plastisch vorentworfenen MENSCHEN. Dieses als ‹Hoffnungsgestalt› unterschiedslos allen Gemeinsame widerspricht *nicht* dem individuellen Charakter des biografischen Richtungsimpulses, sondern bestätigt ihn, denn das ‹Individuelle› ist der höchstmögliche irdische Abglanz des alle verbindenden *Menschen*. Die Individualität ist frei auf ein ihr eingegebenes menschheitliches Ziel hin. Dieses ist in *wesen*hafter Beschreibung der Christus. Der Einzelne trägt auf unnachahmliche und unwiederholbare Art zur Ermöglichung des MENSCHEN (der Christusnähe) bei, weil keine zwei Menschen denselben Weg unter denselben Voraussetzungen gehen. Der Weg ist die Frage. Jedes Kind verkörpert eine nie gestellte Frage des Menschen an den MENSCHEN. Pädagogik unter Missachtung oder Vernachlässigung der damit umrissenen *Kindheitsidee*, unter Missachtung also des *Kindheitswesens,* das alle leibhaftigen Kinder verbindet und in allen Menschen wohnt als die erweckte oder unerweckte Fähigkeit des Du-gerichteten Zukunftssinnes (der – wie beschrieben – entwickelt wird durch den ‹werterkennenden Blick›), schneidet den gesellschaftlichen Organismus vom *sozialplastischen Ideenzustrom* ab, denn dieser entspringt qualitativ derselben Quelle, aus der erziehungskünstlerisches Vermögen geschöpft ist. Wenn Letzteres an den pädagogischen Begegnungsorten nicht wirksam wird, entsteht gleichsam eine Zone der Ödnis, des Versiegens zwischen dem gesellschaftlichen Leben und dem Ursprungsgebiet sozialer Gestaltungsimpulse.

Zum Zweckmäßigkeitsprinzip

und der ‹pragmatischen› Verödung des gesellschaftlichen Lebens, die mit der Verödung des erzieherischen Lebens beginnt, hatte Joseph Beuys kurz und bündig zu sagen: «Plastik ist ein Begriff der Zukunft schlechthin, und wehe denjenigen Konzeptionen, denen dieser Begriff nicht zu eigen ist.»

Karma lässt sich mit Freiheit nur zusammenschauen,

wenn man beide als *Zukunfts*wirksamkeit versteht, das heißt, wenn man karmische Qualität in den *Idealen* sieht, die ein Mensch verfolgt, in den *Fähigkeiten*, die er ausbildet, um diesen Idealen gerecht zu werden, und in den *Hindernissen,* die er überwindet, um diese Fähigkeiten zu erlangen. Das ist ein völlig anderer Gedanke, als wenn man Karma in monokausal-linearer Denkweise als eine aus der Vergangenheit heraus gebietende und/oder von außen sich aufdrängende Kraft des Unausweichlichen beschreibt. Von ‹Schicksal› sollte nicht reden, wer nicht verstanden hat, dass die Geburt eines Kindes (der Inkarnationsvorgang) das Hereinbrechen von *Zukunft* ist.

Das Kind wird nicht von den Verhältnissen gestaltet,

sondern es gestaltet sich in die Verhältnisse hinein. Wer diese Unterscheidung als Sophisterei abtun will, erkennt ihre Tragweite nicht. Vom Urphänomen her sind Umwelteinflüsse gegenüber den primären Antrieben der Persönlichkeitsentwicklung (Individuation) keine *gestaltenden*, sondern *ent*staltende Kräfte. Denn insoweit die kindliche Seele mit der Welt verwoben ist, unterliegt sie der ‹Dividuation› (Zergliederung). Sie ist, von dieser Seite her betrachtet, kein begrenztes, sondern ein nach allen Seiten sich zerstreuendes, in Auflösung begriffenes Gebilde. Hingegen *individualisiert* sie sich, insoweit sie den Verhältnissen entrinnt und eine diesen enthobene Ebene der ‹Sammlung› betritt. Zergliederung (Umwelt, Sinneswelt) und Sammlung (Innenwelt, übersinnliche Welt) sind die Pole, zwischen denen die Seele schwingt. Aus der *Sammlung* heraus ereignet sich Selbstgestaltung. Der Sammlungspunkt liegt in der Zukunft – das heißt paradoxerweise: im Vorgeburtlichen. Die Zerstreuungszone ist die Vergangenheitszone in Raum und Zeit, die *gewordene Welt.* Aus ihr *bildet* nichts. Dass wir im Lebenslauf eines Menschen ganz zu seinen Anfängen zurück müssen, um den Sammlungspunkt in der Zukunft zu finden, gehört zu den großen Geheimnissen.

Wenn ein Kind zur Welt kommt,

tritt die Seele aus einem Seinszustand hervor, in dem *Hoffnung* so etwas wie die Atemluft ist – eine ‹Luft›, die *Licht*charakter hat. Dieses Licht ist ein bildendes Licht: Es *bringt zur Erscheinung.* Was es zur Erscheinung bringt, kann man *Aspekte der Hoffnung* nennen: Seinsqualitäten, die als reine Erfahrungen auftreten. Die Erfahrung des Festen, Verlässlichen (Sicherheit); die Erfahrung des Fließend-Strömenden, Anschmiegsamen, Anpassungsfähigen (Zugehörigkeit, Geborgenheit, Wandlungsfähigkeit); die Erfahrung des Leichten, frei Beweglichen, Raumgreifenden und Raumerfüllenden (Ungebundenheit, Freude); die Erfahrung des Wärmenden, Leuchtend-Lichtenden, Flammenden (Kraft, Helligkeit, Entwicklung). Diese vier Aspekte der Hoffnung, die sich nur dort verbinden können, wo alles von Liebe überstrahlt ist, konfigurieren den Menschen im Inkarnationsprozess als physisch-leibliches Wesen, bildsam-flüssiges Wesen, Atem-Bewegungswesen, Wärme-Willenswesen. Und sie begegnen dem sich in die Erdenverhältnisse einlebenden Kind draußen wieder als natürliche (göttliche) Schöpfung: Erde, Wasser, Luft, Licht / Wärme / Feuer. Diese Begegnung mit den Elementen ist eigentlich die ‹Religion› des Kindes: Es erfährt sich dadurch in seiner Rückverbundenheit (‹religio›) mit der Hoffnungssphäre, aus der es kommt. Jede Sinneserfahrung im Umgang mit den Elementen, mit der Natur, ist eine Erinnerung an die geistige Welt, ein Hoffnungsereignis. Dass heute so viele Kinder ängstlich und bekümmert sind, ruhelos suchend umherstreifen, sich ständig unzufrieden und bedürftig fühlen, als litten sie chronischen Mangel, hängt damit zusammen, dass die göttliche Schöpfung von Menschenschöpfung zurückgedrängt wird. Die elementaren Erlebnisfelder sind rar geworden. Dadurch entfällt ein großer Teil der Hoffnungsnahrung für die Seele. Diesen seelischen Ernährungsmangel auszugleichen gehört zu den zentralen Aufgaben einer *am Kinde* orientierten Zukunftspädagogik.

Beabsichtigende Erziehung ist irreführende Erziehung.

Der bewertende Blick ängstigt.

Ein sehr zorniger, leicht außer sich geratender kleiner Wüterich

von sechs Jahren schreit im heftigen Streit mit seinem Vater: «Immer schimpfst du, nur weil ich eine Wut habe!»

Als die ängstliche elfjährige R., die nie allein bleiben will
und ihre Eltern immer noch äußerst ungern abends fortgehen lässt, einmal zu hören bekommt, wie unaltersgemäß ihr Verhalten sei («Du benimmst dich wie ein Baby!»), erwidert sie: «Wie ein Baby? Ich muss doch auf euch aufpassen!»

Anmerkungen

1 Die Leicht-und-Locker-Esoterik-Szene mit ihrer Umbenennung blanker egoistischer Antriebe in «positives Denken», ihrem Tranquillizer-Gesundheitsbegriff (Verwechslung von Gesundheit mit vergnüglich-sorgenfreiem Dahinplätschern des Lebens) und ihren zahllosen ominösen Therapieangeboten ist größtenteils eine Mitmacher- und Jasagerbewegung ohne gesellschaftskritisches Bewusstsein. «New Age» hat sich mit der «Neuen Weltordnung» arrangiert. Die Teile der Szene, die in den siebziger Jahren der linksalternativen Bewegung zuzurechnen waren und gesellschaftliche Veränderungen mit Spiritualität verbinden wollten, treten kaum mehr in Erscheinung. «Esoterik goes Disneyland» (Rainer Kakuska in *Psychologie Heute).* Faschistoide Tendenzen in der Esoterikszene sind zwar anzutreffen, haben aber längst nicht so viel Gewicht, wie einige linksdogmatische Eiferer glauben machen wollen. Die Anthroposophie damit in Verbindung zu bringen ist eine Rufmord- und Desinformationskampagne, die sprachlos macht. Ich sage das als einer der wenigen Anthroposophen, die sich immer offen zur antiautoritären (nichtmarxistischen) Linken bekannt haben. Dadurch war und bin ich gewissermaßen übersensibilisiert für rechtslastige oder gar faschistische Umtriebe, wo immer sie auftreten.

2 Wir müssen die Kinder und Jugendlichen auch mit den tendenziell kränkenden Zeiterscheinungen so vertraut machen, dass sie *auf der Grundlage eigener Urteilsfähigkeit* damit umzugehen lernen. Diese Urteilsfähigkeit fördern wir durch bloßes Vorenthalten, Verbieten und Dämonisieren nicht. Die Kinder fühlen sich z. B. in die Irre geführt, wenn wir ihnen erzählen, dass Fernsehen «krank macht». Sie kennen ja lebendige Gegenbeispiele: Mitschüler, Freunde, die trotz gelegentlichen Fernsehkonsums offenbar

völlig gesund sind und auch sonst nichts Absonderliches an sich haben. Durch derartige Pauschalisierungen verspielen wir nur unsere Glaubwürdigkeit. Ob Fernsehen, Unterhaltungsmusik, Computer, Comics oder Teenagerzeitschriften – ein Kind, das in einer Atmosphäre sozialer Wärme aufwächst, Wertschätzung genießt, genügend Seelennahrung in Form von Geschichten, Märchen, Musik usw. erhält und im kreativen Bereich angeregt wird, verkraftet die kontrollierte Begegnung mit alledem unbeschadet. Wir müssen nur aus der pädagogischen Menschenkunde die richtigen Alterskriterien herleiten, bei der Auswahl mitsprechen – auch im Bereich Medien/Fastfood-Unterhaltung gibt es erhebliche Qualitätsunterschiede –, Zeitlimits setzen, genügend Gegenangebote machen und vor allem den Kindern und Jugendlichen mit unserem Interesse, unserer Gesprächsbereitschaft und unserem sachkundigen Rat zur Seite stehen. Sachkundiger Rat und pauschale Vorverurteilung schließen einander aus. Bedenklich wird es nur, wenn die Kinder zu früh, ohne Maß und ohne Beistand in illusionäre Ersatzwelten und technisches Blendwerk hineintaumeln. Wie gesagt: Nicht alles, was von der Unterhaltungsindustrie angeboten wird, ist minderwertig und schädlich. Es gibt bemerkenswerte kreative Leistungen z. B. im Film, im Hörspielbereich oder in der Rockmusik. Manche Computerspiele sind durchaus intelligent. Und gelegentliche vergnügliche Ausflüge nach Entenhausen oder zu den unbezwingbaren Galliern haben, wenngleich der Seelenbildungswert gleich Null ist, noch kein Kind verdorben. Unsere Aufgabe ist es, den Kindern und Jugendlichen zu helfen, dass sie kontrolliert, also nicht suchtartig mit diesen (in der Tat tendenziell suchtbildenden) Angeboten umgehen und die Spreu vom Weizen trennen lernen. Dazu müssen sie sich *auch* mit der Spreu beschäftigen – wobei es hier freilich Grenzen des Zumutbaren gibt; gegenüber menschenverachtenden Machwerken muss unsere Haltung kompromisslos sein. Was den Umgang mit Medien betrifft, ist neben allgemeinen Alterskriterien, die man ungefähr angeben kann, immer auch die besondere Wesensart und Lebenslage des einzelnen Kindes zu berücksichtigen. Hier sollten sich Eltern, die unsicher sind, Rat holen.

3 Es ist bedauerlich, vielleicht tragisch, dass in den sechziger / siebziger Jahren der Dialog zwischen der antiautoritären Bewegung mit ihren selbstverwalteten «Kinderläden» und den für soziale Dreigliederung und Waldorfpädagogik eintretenden Kreisen nicht bzw. nur sehr vereinzelt zustande kam. Die an A. S. Neill orientierten, enthusiasmierten Kinderfreunde hätten in der Anthroposophie das tragende geistige Fundament finden können, das ihnen fehlte, denn zweifellos war Rudolf Steiner *der* Denker dieses Jahrhunderts, der die Begriffe «Freiheit» und «Würde» menschenkundlich untermauerte und dadurch aus der Relativität bloßer ethischer Postulate heraushob. Den Anthroposophen wiederum wäre der frische, unkonventionelle Wind gut bekommen, der die antiautoritäre Szene durchwehte, ihre Experimentierfreude, ihr Argwohn gegen antiquierte Formen. Doch die Berührungsängste waren zu groß. Es ist hier nicht der Ort, eingehend über die Gründe zu sprechen. Zwei Strömungen mit vielen Gemeinsamkeiten des Grundanliegens verfehlten einander auf der ganzen Linie, was meines Erachtens viel dazu beitrug, dass die eine, jugendbewegt-unverbrauchte, unterging, während die andere, auf lange Erfahrung zurückblickende, nicht aus ihrer Verbürgerlichungstendenz heraus- und zu ihren freiheitlich-sozialreformerischen Quellen zurückfand. Über die Erziehungsfrage in Verbindung mit gesellschaftlichen Fehlentwicklungen wird bald wieder ein heftiger, vielleicht erbitterter Streit entbrennen. Das kündigt sich schon an, und es ist zu hoffen, dass die Waldorfbewegung diesmal ohne Vorbehalte an der Seite anderer Unabhängigkeitsbestrebungen zu finden sein wird, denen ebenfalls daran gelegen ist, sich pädagogisch ausschließlich an den Bedürfnissen und am Wesen des Kindes zu orientieren – und nicht an politischen Plänen und wirtschaftlichem Menschenmaterialbedarf.

4 Es kommt nicht selten vor, dass von Waldorfschul- oder Kinder-

gartenkollegien die Ergebnisse der Begutachtung eines schwierigen Kindes durch eine anthroposophisch orientierte *Praxis für Heilpädagogik und Erziehungsberatung* angezweifelt werden mit Begründungen wie: «Da muss mal eine wissenschaftlich fundierte Diagnose von *richtigen Fachleuten* gestellt werden.» Dies geschieht immer dann, wenn die anthroposophisch-menschenkundlich fundierte Beurteilung nicht den von Lehrer- oder Erzieherseite gewünschten «Störungs»-Befund liefert. Entsprechende Klagen sind bei den jährlichen Fachtagungen für ambulante Heilpädagogik (seit 1993 abwechselnd im Janusz-Korczak-Institut Wolfschlugen und in der Bernard-Lievegoed-Arbeitsgemeinschaft Wahlwies mit durchschnittlich 120 Teilnehmern aus ganz Deutschland) häufig zu hören. Die Zusammenarbeit mit Waldorfeinrichtungen, berichten viele Neugründer, gestalte sich wider Erwarten *schwieriger* als mit staatlichen Schulen, Jugendämtern usw. Was liegt da vor? Auf jeden Fall ein Defizit gegenseitiger Wahrnehmung und Verständigung, dem dringend abgeholfen werden müsste.

5 Die endgültige Überwindung des Begriffs des defekten Menschen hängt ab von der Ausbildung der höheren Sinne, namentlich des Ich-Sinnes (zur Einarbeitung empfehlenswert: Rudolf Steiner, *Zur Sinneslehre. Themen aus dem Gesamtwerk 3*, Verlag Freies Geistesleben, Stuttgart). Voll entwickelte Ich-Sinn-Tätigkeit ist die Fähigkeit, den Mitmenschen in seinem unversehrten und unversehrbaren «höheren Ich» so zu erfassen, dass der ganze Leib des Wahrnehmenden, fein erzitternd bis in die Atmung, bis in die Stoffwechselprozesse hinein, zum Resonanzboden für das «Erklingen» des anderen (aber dann eben bei aller Andersheit nicht mehr *Fremden)* wird. Erste Vorübungen für diese noch sehr ferne Wahrnehmungsqualität, die unmittelbare *Heilkraft* entfalten wird, sind in Teil 2 als «erziehungskünstlerische Anregungen» beschrieben.

6 Vgl. dazu «Zum Schluss»: «Das Kind wird nicht von den Verhältnissen gestaltet …»

7 Paul Feyerabend schrieb dazu in seinem Buch *Erkenntnis für freie Menschen* (Frankfurt 1980): «Ein Mystiker, der durch eigene Kraft seinen Leib verlassen kann, wird kaum davon beeindruckt sein, dass es zwei sorgfältig eingewickelten und nicht besonders gescheiten Menschen mit der Unterstützung von Tausenden von wissenschaftlichen Sklaven und Milliarden von Dollars gelang, einige unbeholfene Sprünge auf einem trockenen Stein – dem Mond – auszuführen. (Er wird vielmehr) die Abnahme der spirituellen Fähigkeiten des Menschen bedauern. Man kann sich natürlich über diesen Einwand zu Tode lachen – *Argumente* gegen ihn hat man aber nicht. Der Einwand, dass die sogenannten Mystiker ... Getäuschte seien, ist eine rhetorische Floskel, denn begründen kann man ihn nicht. Andrerseits haben einige Gnostiker die Materie für Schein erklärt, sodass also ihrer Ansicht nach die Mondreisenden die Getäuschten sind. Wieder kann man über diese Ansicht lachen – aber Argumente gegen sie hat man nicht.»

8 «Eichel» steht bei Hillmann / Ventura (siehe Literatur) für das noch unausgefaltete Künftige, das aber, frei nach Stüttgen (vgl. Kap. 5, Zitat aus *Siebentausend Eichen),* die Bedingungen für seine Ausfaltung selbst schafft.

9 Ich habe das «Sekundäre und Kontingente», wie es Hillmann / Ventura verstehen, in meinem Buch *Jugend im Zwiespalt,* Kap. «Spurensuche», als «primäre und sekundäre Determination» im Unterschied zum «individuellen biografischen Richtungsimpuls» (dessen Hüter der Engel ist) bezeichnet.

10 Ohne den «Fantasien» des Lesers vorgreifen zu wollen, möchte ich darauf aufmerksam machen, dass Kay offensichtlich ein 1. sprachbegabtes, 2. aufmerksam betrachtendes, 3. fantasievoll-erfindungsreiches, 4. mitfühlend-rücksichtsvolles, 5. sehr früh schon selbstkritisches (!) Kind ist. Er hat außerdem Angst vor der nüchternen Realität, der Gegenständlichkeit (Unabänderlichkeit) und dem Alleinsein, d. h. er sucht stark das Soziale, Gemeinschaftliche, obgleich er anderseits sehr gut mit sich allein

sein kann, wenn jemand in der Nähe ist. Man kann nun versuchen, um die Spur zu finden, eine Lebensaufgabe zu erraten, die Sprachbegabung, Aufmerksamkeit, Fantasie, Einfühlungsvermögen, Selbstkritik, eine gewisse Skepsis gegen das Unabänderliche (also einen Hang zum Prozessualen, Sich-Entwickelnden) und Sozialfähigkeit verlangt. Wenn einem dazu ein Aufgabenfeld einfällt, darf man aber nicht den Fehler begehen, dieses im profanen Sinne einfach wörtlich zu nehmen, als sei einem nunmehr Kays äußeres Berufsziel bekannt. Man hat vielmehr ein *Bild* für die Fähigkeitsgestalt des Kindes, an die man sich – statt immer nur auf die «Angstsymptomatik» hinzustarren – zunächst wenden kann: würdigend, behutsam fördernd, aber ganz offen lassend, *was* sich da letztlich *wie* zum Vorschein bringen will. (Ich kenne einen *Techniker,* der von seiner Wesensart her *Richter* – im Sinne von «Gerechter» – ist und seit vielen Jahren im Kollegen-, Freundes- und Bekanntenkreis, ja sogar von fremden Institutionen zur Schlichtung von Streitangelegenheiten herbeigerufen wird. Jeder spürt: Dieser Mann ist sicher und unbestechlich in seinem Urteil über Rechtsfragen des Alltagslebens, ganz unabhängig von Paragraphen. Darin liegt seine große Stärke. Gleichwohl ist er nicht Richter geworden, sondern Techniker. Letzteres lag ihm anfangs wenig. Durch harte Arbeit wurde er auch auf diesem Gebiet, an das ihn verschiedene, scheinbar missliche Umstände heranführten, ein Könner. Den «Richter» hingegen trägt er seit seiner Kindheit in sich, und er kann diese Gabe in jeder Lebenssituation frei zur Geltung bringen, wenn er darum gebeten wird.) In manchen Fällen mag das Erfassen der Fähigkeitsgestalt eines Kindes auch eine direkte Vorausschau auf seine spätere Berufswahl sein – aber darum geht es nicht. Man muss es offen lassen. Das ist wichtig! Sonst schleichen sich Erwartungshaltungen ein, die das gewonnene würdigende Verhältnis zum kindlichen Fähigkeitenwesen wiederum zunichte machen. Entscheidend ist allein der *übende* Aspekt einer solchen Bildgestaltung.

11 Der Unterschied zwischen einer wilden und einer schöpfe-

rischen Hypothese ist etwa derselbe wie zwischen einem schlampig daherfantasierten und einem in sich stimmigen, «echten» Märchen, das von *Strukturen des menschlichen Seelenlebens* in bildhafter Form berichtet.

12 Darüber habe ich, bezugnehmend auf Rudolf Steiner, in meinem Buch *Der Mensch im Spannungsfeld zwischen Selbstgestaltung und Anpassung,* Esslingen 1995, einiges ausgeführt.

13 Der Dichter C. W. Aigner schreibt dazu in *Das Verneinen der Pendeluhr,* Stuttgart 1996:

Lichtsaat
Sternensamen
die morgen aufgehn
in einer einzigen
gleißenden Blüte.

14 Man «hinterfragt» damit eigentlich, ob Heinrich Himmlers Credo «Wehe dem, der vergisst, dass nicht jeder, der wie ein Mensch aussieht, auch ein Mensch ist» vielleicht doch irgendwie wahr sein könnte. Der gegenwärtig populärste Vertreter solchen «Hinterfragens» ist der australische Philosoph Peter Singer (*Praktische Ethik* u.a.). Literaturempfehlung zu diesem Thema: Jens Heisterkamp, *Der biotechnische Mensch* (versehen mit einem Vorwort von H. K.).

15 Wenn «Menschenrechtsfähigkeit» (Würde) an Qualitäten wie Selbstbewusstsein, Selbststeuerung, Selbstverantwortung, Vernunft, individuelles Zielsetzungs- und Ausdrucksvermögen, soziale Kompetenz, Persönlichkeitsprofil usw. (Lebenswertparameter) gebunden wäre, hätte kein Säugling Menschenrechte. Genau an diesem Punkt verrennt sich die Bioethik Singerscher Provenienz (vgl. Anm. 14) ins Absurde und *Boshafte* (ich nenne es boshaft, die Kindheit zu erniedrigen). Denn sie vertritt, wenn man alle Sophistereien beiseite lässt, genau besehen den Standpunkt: Ein neugeborener Mensch ist (noch) kein Mensch. Die Geburt eines Menschen ist nicht die Geburt eines Menschen. Wir zeugen Nichtmenschen. Das ist absurd, weil aus Nichtmenschen keine

Menschen werden können. Der «*Noch-nicht*-Mensch»-Begriff ist nur eine rhetorische Hilfskonstruktion. Wenn der Mensch als Nichtmensch zur Welt käme, wären zu allen Zeiten alle Menschen als Nichtmenschen zur Welt gekommen. Wo, wann und wie sollte unter diesen Umständen der *Mensch* entstanden sein? In den Köpfen von Nichtmenschen? Singer & Co. schaffen genau genommen den Begriff des Menschen ab, und ich bin mir nicht sicher, ob es sich dabei nur um gedankliche Schlamperei handelt. Hier setzt das vorliegende Buch an und bezieht eine radikale Gegenposition. In dieser Frage sind keine Kompromisse möglich. Wir sollten, um klare Verhältnisse zu schaffen, aufhören mit Redensarten wie: «Kinder müssen zu vollwertigen Menschen erzogen werden.» Jedes Menschenkind *ist* vollwertig menschlich!

16 Wer sich bemüßigt fühlt, Habgier und Egoismus als «gesunde» Attribute des modernen Menschen gegen das «Gutmenschen»-Geschwätz von Uneigennützigkeit zu verteidigen, steht auf der Seite des (wieder) unangefochtenen Gegen-Zeitgeistes der Beziehungszerstörung. Dieser war in den letzten Jahrzehnten zwar nie ernstlich in die Defensive geraten, aber er wurde immerhin eine Zeitlang kräftig in Frage gestellt. Die von oppositionsmüden Intellektuellen lancierte «mainstream»-Legende, wonach es im Westen eine jahrzehntelange Meinungsführerschaft rigoroser linksalternativer Moralapostel gegeben habe, ist unverfrorene Geschichtsverdrehung zwecks Rechtfertigung des opportunistischen Kurses, den diese Intellektuellen eingeschlagen haben und für den sie sich im Grunde schämen. Wer bei den Tatsachen bleiben will, weiß, dass zwischen etwa 1965 und 1985 ein Aufschrei gegen die immer mehr von Habgier und Egoismus bestimmten gesellschaftlichen Verhältnisse und zwischenmenschlichen Umgangsformen, ein Sehnsuchtsschrei zugleich nach darüber hinausweisenden Werten, aus Teilen der Jugend sich erhob und bei Teilen der Erwachsenenwelt Anklang fand, von anderen verkannt und denunziert, von wieder anderen missbraucht, ausgebeutet und

irregeleitet wurde. Dieser Aufschrei war nie «meinungsführend». Er ist vorläufig verstummt. Aber das wird sich ändern. Vielleicht führt die *Kindheitsidee* (vorausgesetzt, sie wird weiterverfolgt) zu einer Initialzündung (vgl. Teil 2, Kap. 1, «Die Kindheitsidee als Kulturfaktor»).

17 Ich sage «in einem gewissen Sinne», weil ja auch der Autonomiebegriff in Verbindung mit einer simplen Auffassung von Inkarnation sehr materialistisch missverstanden werden kann. Man malt sich dann vielleicht aus, das Kind komme mit bestimmten *Vorstellungen* über sein künftiges Leben zur Welt, die es unbedingt *durchsetzen* wolle. Die Autonomie des Kindes ist aber eine *Frage*autonomie. Jedes Kind ist unverwechselbar und einzigartig in seiner *nie gestellten Frage an den MENSCHEN*. Die Frage gibt den biografischen Richtungsimpuls, und autonome Gestaltungen sind Gestaltungen aus der Frage. Deshalb müssen wir als Erzieher unsererseits Fragende werden bzw. uns darauf besinnen, dass wir Fragende sind. Auf der Ebene des Fragens ist Verständigung mit dem Kind möglich. Nur dort. Der Inkarnationsprozess wird im Weiteren von verschiedenen Seiten her so betrachtet, dass keine Milchmädchenrechnungen nach dem Muster «Durchführung eines vorgefertigten Lebensplanes» mehr in Betracht kommen.

18 Beim Studium psychologischer oder psychiatrischer Fachliteratur über sogenannte kindliche Verhaltensstörungen kommt mich oft ein Gruseln an. Nicht weil dort bösartige Dinge über die Kinder gesagt würden, sondern wegen der Maschinensprache, derer man sich bedienen zu müssen glaubt, um Wissenschaftlichkeit zu demonstrieren. Diese Terminologie ist *als solche* geringschätzig. Technischer Menschenüberwachungsdienst. Es wird über Funktion, Ausstattung, Leistungsfähigkeit und Störanfälligkeit hochkomplizierter *Geräte* befunden. Ich versetze mich in die Lage eines verängstigten oder versagenden Kindes, das in ein fremdes Haus gebracht wird, wo man es untersucht, ausfragt, forschend beäugt und schließlich den Eltern einen in dieser Terminologie gehaltenen Mängelbericht erstattet. Ich stelle mir

vor, das Kind versteht, was gesagt wird. Daher das Gruseln. Nun wird man mir entgegenhalten: Die Kinder verstehen ja eben *nicht,* was gesagt wird; dass diese Sprache unmenschlich sei, ist deine *Erwachsenenmeinung,* mit der die Kinder gar nichts zu schaffen haben. Wirklich? Ich wäre mir da nicht so sicher. Die Kinder verstehen sehr wohl. Auch wenn wir hinter verschlossenen Türen reden und Worte verwenden, die sie nicht kennen. Sie verstehen auf einer anderen Ebene. Die Maschinensprache ist Ausdruck einer bestimmten Gesinnung. Aus dieser Gesinnung kann nicht geheilt, nicht erzogen, sondern nur *manipuliert* werden.

19 Wir kennen dieses Phänomen bei sogenannten schwierigen Kindern sehr genau. Man kann erleben (und daraus lernen), welchen Unterschied es macht, ob man dem Kind mit «Gutachterblick» gegenübertritt und aus seinem Verhalten im Spiel, beim Malen usw. diagnostische Schlüsse ziehen will oder ob man es einfach nur willkommen heißt, ohne etwas Bestimmtes zu wollen (vgl. Teil 2, Kap. 4, «Verstehende Bewahrheitung. Die Achse»), mit der inneren Haltung: Hier ist die Insel, wo du sein darfst, wie du bist. – Der Gutachterblick wirkt verunsichernd und beschämend. Man kann die Beurteilungsabsicht nicht vor dem Kind verbergen. Es verstellt, entstellt sich sofort, wobei die Maske auch «brav» und übergewissenhaft sein kann. Trägt man ihm hingegen die bedingungs- und absichtslose Willkommensstimmung entgegen – was eine Sache geduldigen Übens ist –, hat das Kind sofort die Motivation, *sich selbst* (unmaskiert) zu zeigen. Denn es ist etwas sehr Angenehmes, Ermutigendes für ein Kind, ruhig, aufmerksam und abwartend, ohne prüfende Hintergedanken angeblickt zu werden. Es verspürt den Wunsch, diesem Blick etwas «Schönes» von sich zu präsentieren. Es fasst sich. Jetzt wird die innere Schatzkammer vorsichtig geöffnet. – Viele Kinder, die zu uns kommen, kennen diese Situation gar nicht! Es ist für sie etwas völlig Neues, einfach willkommen zu sein!

20 Vgl. Teil 2, Kap. 3, sowie Anm. 4.

21 Gemeint ist nicht das klinische Krankheitsbild des Autismus, sondern das «gewöhnliche» Problem des Sich-allein-Fühlens inmitten von Menschen; das einsamkeitsgestimmte Weltverhältnis; die Not, zu nichts und niemandem wirklich in Beziehung treten zu können. Dieser Beziehungslosigkeit liegt eine Weltangst zugrunde, die mit dem *Zustand der Welt* zusammenhängt.

22 Einen Unternehmensberater, der den ganzen Betrieb an sich reißen und in der Privatsphäre der leitenden Mitarbeiter herumschnüffeln wollte, würde man schleunigst wieder nach Hause schicken. Aber so manchen offiziellen oder inoffiziellen Erziehungsberater, der die ganze Familie bevormundet und sich in ihre innersten Angelegenheiten einmischt, lässt man gewähren. Man hüte sich vor «Experten», die zum Befehlston und zur Indiskretion neigen! Man weise «freundschaftlichen» Rat zurück, der einschüchternd, demütigend, überheblich wirkt! Wer die Schwächeposition des Rat- und Hilfesuchenden ausnützt, um sich selbst stark und wichtig fühlen zu können, ist nichts anderes als unreif.

23 Es versteht sich von selbst, dass dies *nicht* für Eltern gilt, die mit ihren Kindern lieblos umgehen, sie vernachlässigen, schikanieren, misshandeln. Solche Eltern haben ihr Schicksalsprivileg verspielt – was nicht ausschließt, dass sie es eines Tages wiedergewinnen könnten. Sie brauchen nicht nur Hilfe, sondern müssen auch bereit sein, sich an Anweisungen zu halten. Anderenfalls bleibt nichts anderes übrig, als die Kinder vor ihnen in Sicherheit zu bringen.

24 Der Gedanke des elterlichen Erwähltseins (durch das Kind) scheint unverträglich mit dem in Anm. 23 Gesagten zu sein. Auserwählte Eltern drangsalieren ihr Kind? Hat also das Kind die Drangsale gewählt? Nein. Es hat die *Möglichkeit* der Drangsale *mitgewählt,* ähnlich wie z. B. eine Frau, die einen Mann liebt und heiratet, dessen brutale Seite sie kennt, aber – da sie auch seine schönen Seiten kennt – zunächst in Kauf nimmt, erfüllt von der Hoffnung, ihn durch ihre Liebe heilen zu können. Da

ist beim Kind eine Hoffnungskraft aus der vorgeburtlichen Wahrnehmung des *reinen Wesens* der Mutter, des Vaters wirksam, die mehr wiegt als die Vorahnung möglichen Enttäuschtwerdens. Umso tragischer ist es, wenn Eltern nicht begreifen, welche unerhörte Würdigung ihnen da zuteil wird, und die große Vertrauensbezeugung des Kindes achtlos oder brutal zurückweisen. Erst vor dem Hintergrund des Gedankens elterlicher Erwähltheit wird das *ganze* Ausmaß der Tragödie der Kindesmisshandlung deutlich.

25 Der Begriff «Erziehungskunst» ist, daran muss immer wieder erinnert werden, von Rudolf Steiner nicht als hübsches Bonmot eingeführt worden, sondern als wohlbedachte Formulierung, die auf die Notwendigkeit eines völlig neuen Verständnisses des pädagogischen Ereignisfeldes hinweisen soll. Darauf gehe ich in Kap. 5 ff. von Teil 1 näher ein.

26 Man erlebt es oft als erzieherisches Versagen, wenn einem Kind gewisse Leiderfahrungen nicht erspart werden können. Das Kind hat Traurigkeits- oder Angstzustände, und man ist machtlos dagegen. Nun mag es geschehen, dass sich z.B. die Mutter nicht mehr anders zu helfen weiß, als aus der Not eine Tugend zu machen und sich ganz auf die Angststimmung des Kindes einzustellen, ihre Lebensgewohnheiten entsprechend zu ändern, dem Kind das Übermaß an Nähe, Zuwendung, Geborgenheit, Schonung und Trost zu gewähren, nach dem es verlangt. Der Vater, der etwas über *overprotective mothers* gelesen hat und ohnehin mehr dazu neigen würde, dem Kind seine Ängste «abzutrainieren», ist verstimmt und zieht sich schmollend zurück. Es kriselt in der zuvor nahezu konfliktfreien Ehe. Nun kommt ein Prozess in Gang, der dazu führt, dass erstens: die Mutter durch ihr inneres Geltenlassen der Angst des Kindes darauf aufmerksam wird, dass sie selbst als Kind unter gehörigen Ängsten gelitten hat und auch heute noch leidet; sie hat die Ängste teils durch ihr wohlgeordnetes bürgerliches Leben zur Ruhe gebracht, teils in mütterliches und ehefrauliches Pflichtgefühl umgewan-

delt, teils an der Sorge um materielle Sicherheit festgemacht; nun kann sie dadurch, dass sie die Angst ihres Kindes gelten lässt, plötzlich auch die eigene gelten lassen, ihre Einstellung zur Angst ändert sich, sie wird ehrlicher zu sich selbst, beschließt, an sich zu arbeiten, aber auch zu ihren jahrelang unterdrückten Bedürfnissen zu stehen, z.B. ihrem Mann gegenüber; zweitens: die Ehekrise sich als Chance einer längst fälligen kritischen Auseinandersetzung zwischen den Eltern erweist, deren Beziehung zwar friedlich, aber in Alltagsroutine und Förmlichkeit erstarrt war; drittens: das Kind – ganz aus sich selbst heraus – große Angstbewältigungsschritte macht, seit die Mutter begonnen hat, sich auf sich selbst zu besinnen und an sich zu arbeiten, und die Eltern in eine Beziehungskrise geraten sind, mit der sie – auch wenn es jetzt öfter Streit gibt – produktiv umgehen, indem sie wieder Interesse füreinander entwickeln und erkennen, dass Ehe eine *Gestaltungsfrage* ist. (Ich will, nebenbei bemerkt, mit dieser kleinen – wahren – Geschichte nicht andeuten, die Ängste seien per Übertragungsmechanismus von der Mutter auf das Kind transformiert worden. Dieses gängige Erklärungsmuster ist viel zu simpel. Belassen wir es dabei, dass das Kind in der Mutter einen Menschen gefunden – und gesucht? – hatte, der aus eigenem Erleben wusste, was Lebensangst ist, und sich deshalb instinktiv richtig darauf einstellen konnte. Wenn wir dies mit dem Gedanken der elterlichen Erwähltheit verknüpfen, treten ganz andere Zusammenhänge in Erscheinung.) Das vermeintliche Versagen der Eltern hat in diesem Fall dazu geführt, dass sie davon abließen, die Angst ihres Kindes beseitigen zu wollen, und stattdessen mit sich selbst zu Rate gingen. Dies erwies sich als heilsam für alle Beteiligten. Das Kind fühlte sich erstens verstanden und angenommen in seiner Angst, war zweitens durch das Zurücktreten der Eltern von ihrem pädagogischen Leistungszwang innerlich wie befreit und erlebte – drittens – den Neuanfang im Leben der Mutter und in der Beziehung zwischen Mutter und Vater als *ermutigend.*

27 Das plastische Ereignis ist «der Drang zu etwas Zukünftigem, das aus sich selbst heraus Form werden (will) im Stoff» (Johannes Stüttgen in *Denker, Künstler, Revolutionäre*, Wangen 1995).

28 Werner Kuhfuß schreibt in der Zeitschrift *Wege* (Hrsg. Anton Kimpfler) 4/94: «Was heute die Kinder ungehorsam macht in immer jüngerem Alter, das ist nicht der Mangel an Strenge der Erwachsenen. Es ist der Mangel an sinnvollen Welt-Bildern, der uns alle sklerotisch durchzieht, auch die Lehrer. Die Kinder spüren den Zerfall. Und aus Verzweiflung rütteln sie.» Was wir in diesem Zusammenhang *zuerst* brauchen, ist ein «sinnvolles Welt-Bild» *der Kindheit selbst*.

29 Ich fand Bettelheims pädagogische Schriften nie durchweg überzeugend. Aber er hat viel dazu beigetragen, dass die seelenpflegende Bedeutung der Märchen erkannt wurde, und für die sogenannten schwierigen Kinder kämpferisch Partei ergriffen. Das allein ehrt ihn. Was man nach seinem Freitod über ihn zu enthüllen begann, interessiert mich nicht. Die Mode, geistig bedeutenden Verstorbenen ihre Schwächen, Alltagsverfehlungen und Lebenslügen nachzuwerfen, um ihr Werk klein zu machen, finde ich erbärmlich – unabhängig davon, ob die Nachwürfe der Wahrheit entsprechen oder nicht. «Wer ohne Sünde ist, werfe den ersten Stein.»

30 Dass hier ein wesentlich komplexerer Schönheitsbegriff als der gängige in Betracht kommt, habe ich u.a. ausgeführt in meinem Buch *Jugend im Zwiespalt* im Kap. «Vom Urvertrauen in die Schönheit». Schönheit ist im tieferen Sinne *das Gerechte*. Einer Sache, einem Wesen gerecht werden heißt, sie/es in ihrer/seiner Schönheit erscheinen lassen. Auch ein rostiger Nagel ist schön, wenn das Kunstwerk ihn braucht, um sich verständlich zu machen. *Weil* das Kunstwerk ihn braucht, ist er schön.

31 Dass manche Menschen durch die widrigsten Kindheitsumstände hindurch zu kreativen, idealistisch gestimmten Persönlichkeiten heranreifen, ist der wohl schlagendste Beweis für die Realität des individuellen biografischen Richtungsimpulses. Aber

niemand käme wohl auf die Idee, aus der Tatsache, dass ein Mensch an Krankheiten und Kummer wachsen kann, abzuleiten, man müsse folglich denen, die man liebt, Krankheiten an den Hals wünschen und Kummer bereiten. Dasselbe gilt für die offen oder verdeckt restriktive bzw. beabsichtigende Erziehung. Sie kann – in Glücksfällen – den Selbstgestaltungswillen der Individualität mobilisieren. Aber das berechtigt uns nicht, dies an den Kindern gleichsam experimentell zu erproben oder unseren Mangel an Verstehensbemühen damit zu entschuldigen. Die beste und sicherste Möglichkeit, einem Kind Mut zu machen für seinen Lebensweg, ist die Haltung, die in diesem Buch als «verstehende Bewahrheitung» charakterisiert wird.

32 Ich meine damit im Sinne ganz konkreter Gestaltungsvorschläge (die man natürlich nur aufgreifen wird, wenn sie von genügend vielen Menschen energisch gefordert werden), dass erstens: aus dem Erziehungswesen parteiunabhängige Ausschüsse – besetzt mit erfahrenen Pädagogen, wozu natürlich auch Eltern gehören – gebildet werden müssten, die bei allen wichtigen politischen Entscheidungen ein wirksames Einspruchsrecht hätten, wenn sie zu der Auffassung kämen, die betreffenden Entscheidungen würden der Kindheit und Jugend zum Nachteil gereichen, zweitens: auf lokaler, regionaler, Landes- und Bundesebene *parteilose* Interessenvertreter der Kindheit (aus den genannten Ausschüssen gewählt) zu beauftragen wären, denen für *kindgemäße Gestaltungen* ein bestimmtes Budget zur Verfügung stünde. Über die Verwendung der Gelder hätten die Kindheitsbeauftragten zusammen mit eigens dafür zu bildenden *Kinder- und Jugendräten* zu entscheiden; drittens: alle für Erziehungsfragen zuständigen Politiker eine pädagogische Ausbildung oder zumindest ein praktisches Erziehungsjahr in einer geeigneten Einrichtung absolviert haben müssten und zu regelmäßigen Fortbildungen in Pädagogik, Entwicklungspsychologie, Heilpädagogik, Kinderheilkunde verpflichtet wären. Erste Schritte in eine solche Richtung könnten heute schon eingeleitet werden. Dafür würde sich

der Einsatz lohnen. Auf lange Sicht wäre der Erfolg des Modells jedoch abhängig von ganz neuen pädagogischen Denkansätzen in einem *freien Erziehungswesen*. (Bei den hier genannten Gestaltungsanregungen handelt es sich um zunächst noch ins Unreine gedachte, provisorische. Die not-wendende Richtung ist damit jedoch angezeigt.)

33 Den aus der Zukunft zum Leib kommenden und dem gewöhnlichen Zeitverlauf entgegengesetzten (astralischen) Strom bezeichnet Rudolf Steiner als denjenigen von Liebe und Hass, Begehrungen, Interessiertheit, Wünschen usw. (*Psychosophie*-Vorträge, 1910). Im gewöhnlichen Leben ist es also der Begehrens- und Wunschstrom zwischen Liebe und Hass (Sympathie und Antipathie), im Empfängnis-Geburtsgeschehen hingegen der *reine Liebesstrom*. Die Polarisierung findet erst *in den Erdenverhältnissen* statt. Aber das Gehaltensein im reinen Liebesstrom ist eine Erfahrung, die niemals *ganz* verloren geht. Man kann sich immer wieder dorthin zurückwenden.

34 Als besonders anspruchsvolles, kenntnisreiches Werk ist in diesem Zusammenhang immer wieder zu empfehlen: Dieter E. Zimmer, *Tiefenschwindel*, Reinbek 1990. Zwar würde Zimmer vermutlich die Anthroposophie genauso auseinandernehmen wie die Psychoanalyse, denn sein Standpunkt ist die rationale Wissenschaftskritik, und man muss schon tief in die Anthroposophie einsteigen, um zu bemerken, dass sie auf gründlicher, nur eben grenzüberschreitender denkerischer Arbeit beruht. Trotzdem sollte jeder, der eine anthroposophische Psychologie / Psychotherapie *in Anknüpfung an die Psychoanalyse,* diese erweiternd oder ergänzend, anstrebt (es gibt ja solche Versuche der Quadratur des Kreises), Zimmers Buch lesen.

35 Vgl. Teil 2, Kap. 7, «Fähigkeitenkeime».

36 Es ist ein großer Unterschied, ob man nach Möglichkeiten forscht, erblichen Prädispositionen vorzubeugen, die absehbar die Lebensdauer drastisch verkürzen und großes Leid verursachen würden, oder ob man «abweichendes Verhalten», weil es

nicht der konventionellen Norm entspricht, präventiv ausmerzen will. Wer Letzteres anstrebt, muss sich klar darüber sein, dass er daran mitarbeitet, die geistige Menschheitsevolution zum Stillstand zu bringen. Denn Neues hat sich immer durch abweichendes Verhalten bzw. *Übergangszustände des menschlichen Bewusstseins* angekündigt; viele Menschen, die ihrer Zeit voraus waren, weckten bei der Mitwelt den Verdacht, «nicht ganz richtig im Kopf» zu sein, das ist ja allgemein bekannt. Wie groß die Intoleranz auch gewesen sein mag und welcher Mittel sie sich bediente – Kulturfortschritt vollzog sich in der Auseinandersetzung des durchschnittlichen Denkens, Fühlens und Wollens mit ungewöhnlichen, außenseiterischen, befremdlichen Zeitgenossen, denen gegenüber die Frage auftrat, ob man sie als Kranke, Verrückte einstufen sollte oder als Avantgardisten, Pioniere, Visionäre. Kommen nun Zeiten, da man dieses uralte Thema beenden will, indem man die ungewöhnlichen Menschen im Fötalstadium zwangsnormalisiert?

37 Eine solche heute schon völlig normale Manipulation ist die Gabe von Ritalin (einem Aufputschmittel) bei Unruhezuständen und Nervosität. Ein Teil der sogenannten hyperaktiven Kinder reagieren auf diese Medikation paradox, d. h. die Kinder verhalten sich, solange das anregende Mittel wirkt, ruhiger. Der Organismus wird gleichsam überlistet. Man macht sich einen Effekt zunutze, der – vom Phänomen her betrachtet – durchaus damit zu vergleichen ist, dass zappelige Kinder ausgerechnet vor dem Fernseher, konfrontiert mit purer Hektik, zur Ruhe kommen (und anschließend umso mehr rotieren). Da die Ritalin-Dosierung so gering gehalten werden kann, dass körperliche Suchtbildung auszuschließen ist, schwinden die Bedenken gegen diese «Therapie» immer mehr. Ein Eingriff in die Biochemie des Gehirns, in die Zusammensetzung des Blutes verändert die Seelenverfassung und das Verhalten des Kindes. Die Erwachsenen tun also mit dem Kind exakt das, was ein Drogenkonsument mit sich selbst tut: Letzerer will sein eigenes

Lebens- und Leibgefühl durch Einnahme einer Substanz verändern, weil er im unpräparierten Zustand nicht mit sich zurechtkommt. Jene verändern durch Verabreichung einer Substanz das Lebens- und Leibgefühl eines Kindes, weil sie mit diesem Kind, solange es unpräpariert ist, nicht zurechtkommen. Die kleinen Zappelfritzen hätten im Allgemeinen keine übermäßigen Probleme *mit sich selbst,* wenn die Mitwelt mit ihnen zurecht käme. Es ist fadenscheinig, zu behaupten, sie litten *unter ihrem eigenen Zustand.* Was tatsächlich geschieht – Sucht hin, Sucht her –, ist Drogenverabreichung mit dem Ziel, das Kind gefügig zu machen! Man sollte es wenigstens offen zugeben und nicht immerzu von «Heilung» und «Verantwortung für das Wohl des Kindes» faseln. Nur wer sich keinen Illusionen über die tatsächliche ethische und therapeutische Bedeutung seines Handelns hingibt, hat ein Maß dafür, wann unter Umständen auch einmal das im Prinzip Unverantwortliche getan werden muss. Er wird es vermeiden, so er nur kann, und nicht die geringste Befriedigung empfinden, sondern im Gegenteil mit einem Gefühl der Niederlage zu kämpfen haben, wenn es *nicht* zu vermeiden ist. Aber was geschieht stattdessen? Ritalin-Behandlung gilt vielerorts geradezu als moralische Pflicht. Eltern werden unter Druck gesetzt! Der Effekt ist ja so überzeugend! Hier zeigt sich das ganze Elend des gängigen Therapiebegriffs. Man behauptet, Ritalin verbessere die Voraussetzungen für psychotherapeutische Hilfe. Das ist, mit Verlaub, ein treuherziger Unsinn, denn die medikamentöse Präparierung führt zu einer *illusionären Therapiesituation.*

38 Was die Temperamente betrifft (die Unterscheidung zwischen den vier Grundtypen Phlegmatiker, Melancholiker, Sanguiniker, Choleriker), sind allerdings die Erscheinungsbilder heute weitaus weniger eindeutig als noch vor einigen Jahrzehnten. Für die heilpädagogische Diagnostik hat es sich als hilfreich erwiesen, nicht mehr zu fragen: Welches Temperament hat dieses Kind?, sondern: Welches Temperament hat dieses Kind

ganz entschieden *nicht?* – In aller Regel überlagern sich bei den sogenannten schwierigen Kindern drei Temperamentsfarben zu einer spezifischen Mischung, während die verbleibende vierte nicht oder kaum erkennbar ist. Wenn etwa bei einem Kind mit phlegmatischen, cholerischen und melancholischen Zügen der sanguinische Anteil völlig fehlt, kann an dieser Stelle ein behutsamer Lern- bzw. Ergänzungsprozess eingeleitet werden.

39 Über den Tod im Zusammenhang mit Beuys vgl. Johannes Stüttgen, *Zeitstau,* Stuttgart 1988, 1. und 2. Vortrag. Über die Verbannung des Todes: H.-E. Richter, *Umgang mit Angst,* Hamburg 1992. Rudolf Steiner: «Über das Ereignis des Todes und Tatsachen der nachtodlichen Zeit», 1916.

40 «Material» ist hier weit gefasst: Waffenarsenale, Kernkraftwerke und atomarer Müll, Drogen und Medikamente, Filmmaterial, gedrucktes Material, Argumentationsmaterial. Die Prinzipien Sprengung (Zerfetzung), Defiguration (Verunstaltung), Entrückung (Illusion) beherrschen und verwüsten das Beziehungsfeld, geben dem Denken, Fühlen, Wollen die Richtung und materialisieren sich in den oben genannten Beständen. Gegen die Erstarrung werden, einem dunklen Trieb gehorchend, Sprengkapazitäten aufgehäuft, die den ultimativen «Befreiungs»schlag (Zerfetzung der Erde) ermöglichen; gegen die Mechanisierung wird der *Traum von Nichtgestalt* (seliges Chaos, Sturm und Vergessen, Auflösung, Haltlosigkeit, Schwärze) beschworen; gegen den Kulturterror der Zweckbindung dient sich die Entrückung ins Illusionäre an, von Holywood bis zu Weltbeglückungsprogrammen und Auserwähltheitsträumen. – Um einem Missverständnis des Defigurations-Begriffs vorzubeugen: Ich meine gewiss nichts in Richtung «Entartung», sondern halte es mit Franz Dahlem, der einmal gesagt hat: «Was ist denn schön? Was wir nicht verkommen lassen.» Mit anderen Worten: Eine Sache, ein Wesen wird dadurch schön, dass wir uns darum kümmern. Alles hängt von der Würdigung ab. Einen anderen Schönheitsbegriff gibt es nicht mehr am Ende des 20. Jahrhunderts.

41 Es ist in diesem Kontext eine erlaubte Vereinfachung, die von Rudolf Steiner trinitarisch beschriebene Konstellation der «Gegenmächte» oder «Widersacher» (ahrimanisch, luziferisch, asurisch) als *Kältekraftfeld* zusammenzufassen.

42 Vgl. *7000 Eichen, Josef Beuys,* Hrsg. Groener / Kandler, Köln 1987, sowie *Gespräche über Bäume,* Hrsg. Rainer Rappmann, Wangen 1993. Man kann mit Beuys unter «Baumpflanzaktionen» alle diejenigen Taten verstehen, die im Geiste des «Sich-Bewegenden» (Christus) von Menschen für den MENSCHEN – die Freiheitsgestalt des sozialen Organismus – vollbracht werden. Also alle kreativen Taten. Natürlich ist aber auch ganz konkret gemeint, dass die soziale Skulptur eine Weltverwaldungsaktion sein wird («Verwaldung statt Verwaltung»). Zum Kreativitätsbegriff vgl. Teil 1, Kap. 5.

43 In Beuys' plastischer Theorie findet *Energie* (ich sage: Bestand / Bestätigung) über die *Bewegung* (Impulsierung / Ermutigung) zur *Form* (Zukunft / Fund). Energie, in formsuchende Bewegung transformiert, ist das plastische Ereignis. Ich füge hinzu: Das Subjekt der formsuchenden Bewegung ist nicht einfach «Energie», sondern ergreift diese als vierte (eigentliche) Instanz aus der Zukunft. Dies nenne ich das (unsichtbare) KIND.

44 Im *Heilpädagogischen Kurs* sagt Steiner: Das Ich des Erziehers wirkt auf die Seelenverfassung des Kindes, die Seelenverfassung des Erziehers auf die Bildekräfteorganisation des Kindes, die Bildekräfteorganisation des Erwachsenen auf den physischen Leib des Kindes. Und der physische Leib des Erwachsenen? Das lässt Steiner offen. Es liegt der Schluss nahe: Der physische Leib des Erwachsenen wirkt auf das Ich des Kindes (Umstülpungspunkt). Hier liegt die denkerische Herausforderung des Steinerschen pädagogischen Gesetzes. Was heißt das, dass der physische Leib des Erwachsenen auf das Ich des Kindes wirkt? Was ist denn überhaupt der physische Leib nach Abzug der Bildekräfteorganisation? Die Substanz. Wie kann die Substanz «wirken» oder den Wirkungen der Bildekräfteorganisation des *anderen* unterliegen?

Hier hat uns Steiner ein – vielleicht ungeahnt wichtiges – Rätsel aufgegeben.

45 Joseph Beuys / Friedhelm Mennekes, *Beuys on Christ*, Düsseldorf 1989.

46 In Rudolf Steiner: *Gesammelte Aufsätze zur Kultur- und Zeitgeschichte, 1887-1901*, GA 31. Das soziologische Grundgesetz im Wortlaut: «Die Menschheit strebt im Anfang der Kulturzustände nach Entstehung sozialer Verbände; dem Interesse dieser Verbände wird zunächst das Interesse des Individuums geopfert. Die weitere Entwicklung führt zur Befreiung des Individuums von dem Interesse der Verbände und zur freien Entfaltung der Bedürfnisse und Kräfte des Einzelnen.» Das heißt: Will man dem gesetzmäßigen Verlauf der Kulturentwicklung nicht entgegenwirken, hat sich die Gesellschaft immer mehr den Bedingungen des Einzelnen zu fügen, immer mehr also die individuelle Freiheit gegenüber dem Gemeinwohl zu betonen. Von dieser Präferenz wird wiederum das Heil des Gemeinwesens abhängen: Die Imprägnierung des sozialen Organismus mit Individualkräften führt auf den MENSCHEN (die soziale Skulptur) zu. Die Bewahrheitung dieses Prinzips fällt heute mit der Erziehungsfrage in eins. Diese muss – konsequenter denn je – «die Befreiung des Individuums von dem Interesse der Verbände» (= der Gesellschaft) anstreben. Die Evolution vollzieht sich aus der Wesensmitte des Kindes heraus. Der Richtungsimpuls juveniler Hoffnung ist der kulturgeschichtliche Richtungsimpuls schlechthin. Alles andere führt zur Stagnation.

47 Vgl. dazu Henning Köhler, *Jugend im Zwiespalt*, Stuttgart 1994, Kap. «Die drei Grunderwartungen der kindlichen Seele».

48 Das *Prinzip Güte* ausgerechnet der Arbeitswelt zuzuordnen mag befremdlich klingen. Man bedenke aber, dass *tätige Nächstenliebe* – ins Reine gedacht – *füreinander arbeiten* bedeutet. Ob Güte zu einer durchgreifenden Gestaltungskraft im sozialen Organismus werden kann, hängt in hohem Maße davon ab,

was man in Zukunft unter Arbeit verstehen wird: Kraftaufwand bzw. Fähigkeiteneinsatz zum Zwecke des Geldverdienens? Oder Kraftaufwand bzw. Fähigkeiteneinsatz als Geschenk (!) an die Mitmenschen bei selbstverständlicher Verantwortung aller für alle? Die zunehmende soziale Kälte ist nicht zuletzt ein Ergebnis des unseligen *Erwerbstätigkeitsbegriffes*. Dieser unterschiebt der Arbeit ein ihr eigentlich ganz wesensfremdes Zentralmotiv und koppelt sie einseitig an den Egoismus, wodurch sie ihre Würde verliert. Dass *in Wahrheit* – vom Urphänomen her betrachtet – der arbeitende Mensch den Prinzipien der *gegenseitigen Hilfe*, des *Teilens* und *Schenkens* folgt und gesunde Verhältnisse in der Arbeitswelt erst dann entstehen können, wenn sie nach *diesen* ihr inhärenten Prinzipien gestaltet wird, lebt nicht im allgemeinen Bewusstsein. Das wird sich aber ändern müssen. Vgl. dazu auch Christof Lindenau, *Soziale Dreigliederung. Der Weg zu einer lernenden Gesellschaft*, Stuttgart 1983.

49 Beuys hatte wohl nicht das Anliegen, *diesen* Zusammenhang besonders hervorzuheben. Er hat – in christlicher Kontinuität und in der Logik seiner Biografie – auf das Todesereignis viel mehr hingeblickt als auf Geburt, Empfängnis und Inkarnation, auf das Kreuz mehr als auf die Krippe, auf Golgatha mehr als auf Bethlehem. Andererseits habe ich den Eindruck: Er *war* auf eine unerhörte Weise DAS KIND. Vielleicht war er es so sehr, dass es für ihn nicht viel darüber zu sagen gab. Jedenfalls ist die Kindheitsidee im erweiterten Kunstbegriff so *greifbar*, dass Beuys dem Satz «Pädagogik ist ein Zentralaspekt der sozialen Skulptur» gewiss nicht widersprochen hätte.

50 Steiners Pädagogik ist die erziehungswissenschaftliche Konsequenz aus der *Philosophie der Freiheit*. Oder umgekehrt: Das Erfassen des Inkarnationsgeschehens im lebendigen Denken («Kindheitsidee») ist die Bewahrheitung des ethischen Individualismus. Genau genommen *ist* der ethische Individualismus die Kindheitsidee bzw. ihre philosophische Fassung. Die *Philosophie der Freiheit* daraufhin zu befragen gibt ungeahnte Aufschlüsse:

Steiner beschreibt das KINDHEITSWESEN, ohne es so zu nennen. Er beschreibt eben die *Individualität*.

51 Johannes Stüttgen spricht von dem «ursprünglichen, verdeckten Ausgangspunkt ‹Plastik› (als) Entwicklung höherer Art, die auf die Gesellschaft als Gesamtkunstwerk zielt» (in: R. Rappmann, Hrsg., *Denker, Künstler, Revolutionäre*, Wangen 1996).

52 Vgl. Teil 2, Kap. 5, «Das Kind im Weltzusammenhang».

53 Viktor E. Frankl, zitiert nach Elisabeth Lukas, *Psychologische Seelsorge*, Freiburg 1996.

54 Anpassungsverweigerungshilfe als pädagogischer Auftrag? Aber ja! Wir müssen die Kinder zum Ungehorsam ermutigen, um von ihnen die rechten Anregungen für die pädagogische Praxis und soziale Zukunft zu empfangen. Gehorsame Kinder müsste jeder Pädagoge als Ausdruck seines erzieherischen Versagens empfinden. *Der Lehrer, der vor einer braven, fleißigen Klasse steht, begeht gravierende pädagogische Fehler.* Sonst stünde er nicht vor einer braven, fleißigen Klasse. «Autorität» steht auf einem ganz anderen Blatt. Der geliebten Autorität wagen sich die Kinder kreativ zu widersetzen. An ihr wachsen sie in schöpferischem Widerstand. Das «Nein» wird zur weltwichtigen, respektvollen, zärtlichen Möglichkeit.

55 Der Berater hat sich vor einem solchen Gespräch gründlich mit den Familienverhältnissen und der Lebensgeschichte vertraut gemacht und mehrere Stunden mit dem Kind gespielt. Ähnlichkeiten des (fiktiven) Gesprächs mit tatsächlich stattgefundenen Gesprächen sind unvermeidlich, obwohl das Gedächtnisprotokoll den Gepflogenheiten entsprechend verfremdet ist.

56 Zu dieser Thematik (Kreativität, Schenken, Liebe) erschien 1997 im FIU-Verlag, Wangen mein Buch *Eros als Qualität des Verstehens. Über die gemeinsame Quelle von Kreativität und Zärtlichkeit.*

57 Miriams Eltern fanden zum Beispiel heraus, dass es viel zum Familienfrieden beitrug, gewisse Rituale der Koppelung von stimmungsvollen Ereignissen – z. B. Märchenstunden, gemeinsamen

Spiel- und Malstunden – und der Besprechung von Alltagsfragen einzuführen. Manche heikle Frage ließ sich auf diese Weise friedlich lösen. Außerdem erwies es sich als hilfreich, den befehlenden Ton vermeiden zu lernen und das, was verlangt oder untersagt werden musste, eher in erzählend-mitteilender Art vorzubringen, ruhig, freundlich, möglichst mit Körperkontakt, also bewusst eine Situation der Nähe herstellend. – Um Missverständnisse zu vermeiden, muss darauf hingewiesen werden, dass es sich in der Tat nur um Gesprächsausschnitte handelt. Natürlich erhalten die Eltern im Verlaufe eines solchen Beratungsprozesses noch andere praktische Ratschläge und Hinweise.

58 Rudolf Steiner, *Die geistig-seelischen Grundkräfte der Erziehungskunst*, 1922.

59 Gegen die von Rudolf Steiner wieder und wieder betonte ätherische Nähe und Wiederkunft Christi wendet sich die in Teil 1, Kap. 6 als «Kältekraftfeld», in Teil 2, Kap. 6 als «Kältemaschine» beschriebene Konstellation so, dass vor allem die *Kinder* zum Angriffsziel werden. Das sind eben keine Zufälle. Die Menschenliebe soll jetzt im Kern verwüstet werden. Deshalb müssen wir sie im Kern fassen: als Kindheitsidee, Kindheitsethik.

60 Vgl. dazu Teil 1, Kap. 4.

61 Vgl. dazu Anm. 32. – Zweierlei wird durchgesetzt werden müssen, wenn es im sozialen Leben nicht zu immer gewaltigeren Verheerungen kommen soll: erstens die Einsicht in die Notwendigkeit einer kindheitsethischen Rechtfertigung aller politischen und wirtschaftlichen Zukunftsentscheidungen; zweitens die Bildung entsprechender, dies gewährleistender Gremien. – Die Pädagogik wird die Politik beaufsichtigen müssen. Auch wenn das noch völlig utopisch klingt.

62 Vgl. Teil 1, Kap. 5.

63 Vgl. Teil 1, Kap. 6.

64 In der Erziehungsberatung werden uns z. B. immer wieder Kinder vorgestellt, die sich strikt weigern, mit *Wasser* mehr Kontakt als unbedingt nötig aufzunehmen. Oder mir fällt ein kleiner

Junge ein, der sich, obwohl er gar nicht lesen konnte, immer mit Büchern beschäftigte und tief verstört war, wenn ein Buch beschädigt wurde. Mehrere Kinder lernte ich kennen, die bis zum siebten, achten Lebensjahr eine völlig unerklärliche, «hysterische», zwischen Verzweiflung und Faszination schwankende Beziehung zu den Haaren anderer Menschen hatten; andere beschäftigten sich jahrelang vorzugsweise mit Igeln, Hasen, Händen, Nasen, Bäumen, bestimmten Gerüchen ... Woher kommen diese – gewiss nicht anerzogenen – extremen Affinitäten bzw. Antipathien?

65 Vgl. dazu die Anm. 55 (zum Gesprächsprotokoll Miriam M.).

66 Dass damit nichts Grundsätzliches gegen psychotherapeutische Bemühungen, sonderpädagogische Einrichtungen oder Heime gesagt ist, sollte sich von selbst verstehen. Der Autor hat selbst Jahre in heilpädagogischen Internaten gearbeitet und ist seit langem in der ambulanten Förderung Seelenpflege-bedürftiger Kinder tätig.
Er verdankt seine Grundauffassung des heilpädagogischen Impulses den Anregungen Hans Müller-Wiedemanns.

67 Groener / Kandler (Hrsg.), *7000 Eichen, Joseph Beuys,* dort: Johannes Stüttgen.

68 Vgl. Teil 1, Kap. 4.

69 Vgl. Teil 1, Kap. 7.

70 Zur Einführung: Toshimitsu Hasumi, *Zen in der Kunst des Dichtens,* Bern / München / Wien 1986.

71 Zum weltschöpferischen Aspekt des Wahrnehmens: Henning Köhler, *Der Mensch im Spannungsfeld zwischen Selbstgestaltung und Anpassung,* Esslingen 1995.

72 Die in diesem Buche gegebenen, über den ganzen Text verstreuten Übungsanregungen haben *Beispielcharakter.* Wer verstanden hat, worum es im Kern geht, wird seine eigenen Übungen entwickeln.

73 Vgl. Teil 2, Kap. 4.

74 Rudolf Steiner beschreibt das «Wesensgliedergefüge» des Men-

schen in seinen anthroposophischen Grundschriften und vielen Vorträgen als im Dreiklang von Denken, Fühlen und Wollen ausgefaltete Vierheit (physischer Leib, Ätherleib, Astralleib, Ich). Im «höheren Menschen», den jeder in sich trägt, sind die Seelenfähigkeiten und Wesensglieder zur Liebefähigkeit hin verwandelt. WER verwandelt? DAS KIND! – Es bedarf hoher Aufmerksamkeit, beim Umgang mit dieser Steinerschen Begriffswelt nicht in einen ihr gänzlich unangemessenen Schematismus zu verfallen. Davor schützt man sich am besten dadurch, dass man immer wieder *eigene,* den Phänomenen abgelauschte Begriffe, im Sinne der oben beschriebenen schöpferischen Hypothesenbildung, entwickelt und sich nicht von den unvermeidlichen Philistern einschüchtern lässt, die dann natürlich sofort drohend fragen: Wo steht denn das bei Steiner geschrieben? – Man kann sich, von Steiners Geistes*art* angeregt, glücklicherweise so manches denken, was Steiner *nicht* gesagt hat. – Einiges zur Wesensgliederkunde ist in meinen beiden ersten Büchern *Die stille Sehnsucht zur Heimkehr* und *Jugend im Zwiespalt* ausgeführt. Die in meinen Texten zum biografischen Urphänomen (*Der Mensch im Spannungsfeld zwischen Selbstgestaltung und Anpassung,* Esslingen 1995; *Das biografische Urphänomen, Geheimnisse des menschlichen Lebenslaufes,* Esslingen 1997; *Der menschliche Lebenslauf im Lichte des erweiterten Kunstbegriffs,* Wangen 1997/98) beschriebenen «vier Ebenen» (Bestand, Konvention, Transformation, Revolte) sind *nicht* identisch mit den Wesensgliedern und auch nicht von ihnen abgeleitet. Aber es gibt Bezüge.

75 Er findet schon im Wechselspiel von Schlafen und Wachen statt. Aber auch in jedem *kreativen* (eigenschöpferischen) Prozess. Und in der Liebe. Nur das KIND kann lieben und Liebe annehmen. Nur das KIND ist zu eigenen Schöpfungen fähig. Nur das KIND kann fragen.

76 Vgl. dazu Henning Köhler, *Jugend im Zwiespalt,* Stuttgart 1994.

77 Aus der Zeitschrift *Wege,* 4/94: «Pädagogischer Grundsatz: Wenn ein Mensch zu dir mit einer Frage kommt, lass ihn nicht mit einer Antwort gehen, sondern mit zehn neuen Fragen» (Lena Forsberg). Was wissen wir schon?

Literaturverzeichnis

Aigner, C. W.: *Das Verneinen der Pendeluhr.* Stuttgart 1996.

Bärtschi, Christian: aus einem unveröffentlichten Manuskript eines Vortrags vor dem Schweizerischen Heimverband über Pestalozzi, Juli 1996.

Bettelheim, Bruno: *Ein Leben für Kinder.* München 1990.

Beuys, Joseph / Mennekes, Friedhelm: *Beuys on Christ.* Düsseldorf 1989.

Bohnsack, Fritz / Kranich, Ernst-Michael (Hrsg.): *Erziehungswissenschaft und Waldorfpädagogik.* Weinheim / Basel 1990.

Buber, Martin: *Ich und Du.* Heidelberg 1983.

Dobertin, Winfried: *Bildungsnotstand. Warum Eltern, Lehrer und Schüler gefordert sind.* Frankfurt / Berlin 1996.

Dürckheim, Karlfried Graf, in Franziska Stalman (Hrsg.): *Die Psychologie des 20. Jahrhunderts.* München 1989.

Fels, Gerhard: *Der verwaltete Schüler.* München 1994.

Feyerabend, Paul: *Erkenntnis für freie Menschen.* Frankfurt 1980.

Flitner, Andreas / Scheuerl, H. (Hrsg.): *Einführung in pädagogisches Sehen und Denken.* München 1984.

Frankl, Viktor E., zitiert nach Elisabeth Lukas: *Psychologische Seelsorge.* Freiburg 1996.

Freud, Sigmund: *Studienausgabe.* Band 1 – 10 und Ergänzungsband. Hrsg. von Uexküll und Grubrich-Simitich, Frankfurt a. M. 1989.

Fromm, Erich: *Psychoanalyse und Ethik.* Frankfurt / Berlin / Wien 1978.

Grasse /Leber, in Bohnsack, Fritz / Kranich, Ernst-Michael (Hrsg.): *Erziehungswissenschaft und Waldorfpädagogik.* Weinheim / Basel 1990.

Groener / Kandler (Hrsg.): *7000 Eichen. Joseph Beuys.* Köln 1987.

Gronemeyer, Marianne: *Lernen mit beschränkter Haftung. Über das Scheitern der Schule.* Berlin 1996.

Hasumi, Toshimitsu: *Zen in der Kunst des Dichtens.* Bern / München / Wien 1986.

Havel, Vačlav, zitiert nach Postman, Neil: *Keine Götter mehr. Das Ende der Erziehung.* Berlin 1995.
Heisterkamp, Jens: *Der biotechnische Mensch.* Frankfurt 1983.
Hentig, Hartmut von: «Welche Schule brauchen wir?» in ZEIT-Punkte 2/1996.
- *Die Schule neu denken.* München / Wien 1993.
- *Bildung.* München / Wien 1996.

Hillmann, James / Ventura, Michael: *Hundert Jahre Psychotherapie, und der Welt geht's immer schlechter.* Solothurn / Düsseldorf 1993.
Köhler, Henning: *Der Mensch im Spannungsfeld zwischen Selbstgestaltung und Anpassung.* Esslingen 1995.
- *Die stille Sehnsucht nach Heimkehr. Zum menschenkundlichen Verständnis der Pubertätsmagersucht.* Stuttgart 2. Aufl. 1995.
- *Jugend im Zwiespalt. Eine Psychologie der Pubertät für Eltern und Erzieher.* Stuttgart 6. Aufl. 2004.
- *Von ängstlichen, traurigen und unruhigen Kindern. Grundlagen einer spirituellen Erziehungspraxis.* Stuttgart 6. Aufl. 2004.
- *Das biografische Urphänomen. Geheimnisse des menschlichen Lebenslaufes.* Esslingen 1997.
- *Eros als Qualität des Verstehens. Über den gemeinsamen Ursprung von Kreativität und Zärtlichkeit.* Wangen 1997.
- *Der menschliche Lebenslauf im Lichte des erweiterten Kunstbegriffes.* Wangen 1997/98.
- *Vom Ursprung der Sehnsucht. Die Heilkraft von Kreativität und Zärtlichkeit.* Stuttgart 3. Auflage 2007.
- *Vom Wunder des Kindseins.* Stuttgart 2003.
- *War Michel aus Lönneberga aufmerksamkeitsgestört? Der ADS-Mythos und die neue Kindergeneration.* Stuttgart 3. Auflage 2004.
- *Was haben wir nur falsch gemacht? Kindernöte, Elternsorgen und die verflixten Schuldgefühle.* Stuttgart 2000.

Korczak, Janusz: *Wie man ein Kind lieben soll.* Göttingen 1983.
Lindenau, Christof: *Soziale Dreigliederung. Der Weg zu einer lernenden Gesellschaft.* Stuttgart 1983.
Lukas, Elisabeth: *Psychologische Seelsorge.* Freiburg 1996.

Meijs, Jeanne: *Problemkindern helfen durch Spielen, Malen und Erzählen. Ein Ratgeber für Eltern und Erzieher.* Stuttgart 1996.

Montessori, Maria: *Kinder sind anders.* München 1996.

– *Frieden und Erziehung.* Freiburg 1989.

Müller-Wiedemann, Hans: *Mitte der Kindheit.* Stuttgart 1989.

Neill, A. S.: *Theorie und Praxis der antiautoritären Erziehung.* Reinbek 1969; zahlreiche weitere Auflagen.

Nuber, Ursula: *Der Mythos vom frühen Trauma. Über Macht und Einfluss der Kindheit.* Frankfurt 1995.

Postman, Neil: *Keine Götter mehr. Das Ende der Erziehung.* Berlin 1995.

Prekop, Jirina / Schweizer, Christel: *Kinder sind Gäste, die nach dem Weg fragen.* München 1990.

– *Unruhige Kinder.* München 1993.

Rappmann, Rainer (Hrsg.): *Denker, Künstler, Revolutionäre.* Wangen 1996.

– (Hrsg.): *Gespräche über Bäume.* Wangen 1993.

Richter, Horst-Eberhard: *Umgang mit Angst.* Hamburg 1992.

Roth, Heinrich, in Flitner Andreas / Scheuerl, H. (Hrsg.)*: Einführung in pädagogisches Sehen und Denken.* München 1984.

Saltzwedel, Johannes: «Erziehung in der Krise», in *SPIEGEL-Spezial* 9/1995.

Schnibben, Cordt: *SPIEGEL-Essay,* 18/1996.

Sellin, Birger: *Ich will kein Inmich mehr sein. Botschaften aus einem autistischen Kerker.* Köln 1993.

Singer, Peter: *Praktische Ethik.* Stuttgart 1984.

Stalman, Franziska (Hrsg.): *Die Psychologie des 20. Jahrhunderts.* München 1989.

Steiner, Rudolf: *Die Philosophie der Freiheit. Grundzüge einer modernen Weltanschauung – Seelische Beobachtungsresultate nach naturwissenschaftlicher Methode.* 1894. Gesamtausgabe (= GA) 4. Rudolf Steiner Verlag, Dornach/Schweiz, 16. Aufl. 1995.

– *Gesammelte Aufsätze zur Kultur- und Zeitgeschichte 1887 – 1901.* GA 31. Dornach 3. Auflage 1989.

- *Anthroposophie – Psychosophie – Pneumatosophie.* 1910/1911. GA 115. Dornach 3. Aufl. 1980.
- «Über das Ereignis des Todes und Tatsachen der nachtodlichen Zeit», in: *Die Verbindung zwischen Lebenden und Toten.* 1916. GA 168. Dornach 4. Aufl. 1995.
- *Allgemeine Menschenkunde als Grundlage der Pädagogik.* 1919. GA 293. Dornach 9. Aufl. 1992.
- *Erziehungskunst. Seminarbesprechungen und Lehrplanvorträge.* 1919. GA 295. Dornach 4. Aufl. 1984.
- *Die Erziehungsfrage als soziale Frage. Die spirituellen, kulturgeschichtlichen und sozialen Hintergründe der Waldorfschul-Pädagogik.* 1919. GA 296. Dornach 4. Aufl. 1991.
- *Die geistig-seelischen Grundkräfte der Erziehungskunst. Spirituelle Werte in Erziehung und sozialem Leben.* 1922. GA 305. Dornach 3. Aufl. 1991.
- *Die pädagogische Praxis vom Gesichtspunkte geisteswissenschaftlicher Menschenerkenntnis. Die Erziehung des Kindes und jüngeren Menschen.* 1923. GA 306. Dornach 4. Aufl. 1989.
- *Heilpädagogischer Kurs.* 1924. GA 317. Dornach 8. Aufl. 1995.
- *Zur Sinneslehre.* 8 Vorträge, ausgewählt und herausgegeben von Christoph Lindenberg. Themen aus dem Gesamtwerk 3. Stuttgart 5. Aufl. 2004.

Stüttgen, Johannes: *Zeitstau. Im Kraftfeld des erweiterten Kunstbegriffs von Joseph Beuys.* Stuttgart 1988.

Vannahme, Fritz J. in *ZEIT-Punkte* 2/1996.

Zimmer, Dieter E.: Tiefenschwindel. Reinbek 1990.

Henning Köhler
**Vom Ursprung
der Sehnsucht**
Die Heilkraft von
Kreativität
und Zärtlichkeit
220 Seiten, gebunden

Eine engagierte Darstellung der schöpferischen Sehnsuchtskräfte im Menschen. Henning Köhler beschreibt die lebendigen Prozesse zwischenmenschlicher Beziehungen und den Aspekt der Liebe als Qualität des Verstehens.

«Ich behaupte und versuche zu begründen, dass die Quelle der Kreativität dieselbe ist, aus der auch die Liebefähigkeit erfließt.»
Henning Köhler

Verlag Freies Geistesleben: *Wissenschaft und Lebenskunst*